全国高等院校就业能力训练读

人力资源和社会保障部职业技能鉴定中心 组编

职业核心能力培训认证专用

# 自我学习能力

A Guide to Improving Self-Learning and Performance

## 训练手册

人民出版社

策划编辑：张文勇

责任编辑：张文勇　郭　倩


**图书在版编目（CIP）数据**

自我学习能力训练手册/人力资源和社会保障部职业技能鉴定中心 组编
—北京：人民出版社,（2015.4重印）
（全国高等院校就业能力训练课程系列教材）
ISBN 978-7-01-010111-8
Ⅰ.①自…　Ⅱ.①劳…　Ⅲ.①学习-能力培养-职业教育-教材
Ⅳ.①G791
中国版本图书馆CIP数据核字（2011）第154741号

国家职业核心能力培训认证推广服务网址：www.hxnl.cn

邮购电话：（010）84650630　57219159

自我学习能力训练手册
ZIWO XUEXI NENGLI XUNLIAN SHOUCE

人力资源和社会保障部职业技能鉴定中心 组编

人 民 出 版 社 出版发行
（100706 北京朝阳门内大街166号）
北京振兴源印务有限公司印刷　新华书店经销
2011 年 8 月第 2 版　2015 年 4 月北京第 3 次印刷
开本：787 毫米×1092 毫米　1/16　印张：15.25
字数：323 千字　印数：10,001—20,000 册
ISBN 978-7-01-010111-8　定价：34.80 元
邮购地址 100706　北京朝阳门内大街 166 号
人民东方图书销售中心　电话(010)65250042　65289539

# 职业核心能力培训认证教材编审委员会

# 目 录
### CONTENTS

## ·高　级·

# 前 言

为了适应我国社会经济发展对高素质、高技能劳动者的需求，人力资源和社会保障部职业技能鉴定中心长期以来一直致力于开发一个为就业服务的职业核心能力体系，此项工作得到社会各界的积极响应和支持，经过多年研究开发，现已完成与人交流、数字应用、信息处理、与人合作、解决问题、自我学习和创新能力7个模块培训测评标准的编制工作并正式向社会颁布。与此同时也已完成了一套职业核心能力培训系列教材，包括6个单项模块的能力训练手册（与人交流、数字应用、信息处理、与人合作、解决问题和自我学习能力），以及2个组合模块的能力训练手册（职业社会能力包含与人交流、与人合作和解决问题能力、职业方法能力包含自我学习、信息处理和数字运用能力）的编写和出版工作。

本系列教材的编写坚持以就业为导向的能力本位的教育目标，坚持以职业核心能力标准为依据，同时吸收现代国际职业教育新思想，在能力训练过程中始终坚持贯彻行为活动导向教学法的理念和技术。按照职业核心能力标准规范的解读：职业核心能力是一种完成工作任务的过程能力和执行能力，它是从职业活动中抽象出来的也要能返回到职业活动中去，因此系列教材的编写采用了一种全新的模式和规范，并研究开发了一套能力训练的程序，即包含目标（Object）、任务（Task）、准备（Prepare）、行动（Action）、评估（Evaluate）的"OTPAE五步训练法"，从而保证了培训教学活动的结果不仅在于启发学员对掌握一种能力的认知，更重要的是让学员实实在在地掌握这种能力。

本系列教材可作为社会各类职业培训机构、中、高等普通教育和职业教育院校，以及企事业培训部门开展综合素质培训、职业能力训练和就业能力培训的依据和参考，是开展核心能力培训认证的专用教材。

本系列教材的编写在人力资源和社会保障部培训就业司和职业技能鉴定中心的领导下，由人力资源和社会保障部职业技能鉴定中心标准教材处具体负责组织指导，同时由国家职业鉴定专家委员会核心能力专业委员会负责组织专家队伍和提供技术指导；本教材模式和规范的设计由专家委员会副主任、秘书处秘书长李怀康研究员、副秘书长童山东教授完成，来自全国中高等普通教育和职业教育院校、职业培训机构、素质训练机构、职业教育和技能培训教学研究机构等单位的40多位资深的教授、专家、学者和教育管理人员为这套系列教材的编写付出了艰辛的努力，我们相信职业核心能力体系在社会普遍推广的成果不会辜负他们付出的努力。

职业核心能力的培训还是一项没有先例可循的活动，其教材的编写也是一项开创性的工作，我们所做的一切还处于前期探索阶段，许多不尽人意之处，还希望广大专家、读者和教学工作者提出修改意见，帮助我们做好此项工作。

人力资源和社会保障部职业技能鉴定中心

职业核心能力培训认证教材编审委员会

二〇〇七年五月二十日

序 一
PROLOGUE /

# 拓展核心能力 创造瑰丽人生

北京大学职业研究所所长
中国就业促进会副会长、中国成人教育学会副会长
人力资源和社会保障部职业技能鉴定中心学术委员会主任
国家教育咨询委员会委员

在高度竞争性的未来社会中真正可靠的保证，只能是我们自己的能力。能力决定命运，能力决定机会，能力决定未来。学习学习再学习，提高提高再提高，通过学习提高自己的能力，成了青年人最渴望的事情。

能力五光十色，才干多种多样，而人生苦短，生命有限。在可利用的时间内，我们最需要获得什么能力？最需要增长什么才干？选准方向，事半功倍；找错道路，一无所得。过去很长一段时间内，社会上先是学历文凭热，后是资格证书热。但现在人们发现，文凭和证书固然重要，在职场上获得最大成功的人，竟然不是那些文凭和证书最高最多的人。还有比它们更重要的东西，那就是人的核心能力。

人的能力分为三层：职业特定能力，行业通用能力，核心能力。每个具体的职业、工种、岗位和工作，都会对应着一些特定能力。特定能力从总量上是最多的，但适应范围又是最窄的。对每个行业来说，又存在着一定数量的通用能力，从数量上看，它们比特定能力少得多，但它们的适应范围要宽些，涵盖了整个行业活动领域。而就整体上讲，存在着每个人都需要的，从事任何职业或工作都离不开的能力，这就是核心能力。

我曾画过一个图来表现核心能力（见图一）。有三个同心的圈，最小的一个处在中间，它就是核心能力；围着它的第二圈是通用能力；最外面的，是特定能力。

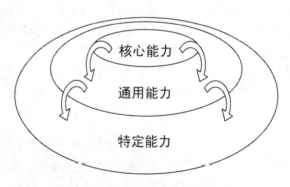

图一 能力分层体系示意图之一

我觉得这个图较明确地反映了核心能力处于的核心位置，以及核心能力的数量比通用能力和特定能力少得多的特征。这张图后来写入了国家一个重要课题的研究报告，得到了广泛的认同。

不过，有一次会见一个欧洲国家驻华教育援助项目组的组长，喝茶聊天中谈到核心能力的问题，我信手就给他画了上图。没想到尽管他非常赞同和欣赏我们的研究思路和研究成果，但是，却不同意我画的这张图。他又画了下面一张图。

图二　能力分层体系示意图之二

他说，核心能力和其他一切能力都不同，是其他能力形成和发生作用的条件，所以，核心能力应当处在最底层，最宽厚，它是支柱，是依托，是承载其他能力的基础。

我们相互尽管很熟悉，但以前在这个问题上从未交换过意见。我非常惊讶欧洲的专家和我们在能力分层问题上会如此相互认同。同时我以为，这两张能力分层的示意图，很可能相辅相成地表明了不同能力之间的关系，以及核心能力的位置。

第一张图表明，核心能力是存在于一切职业中，从事任何工作都需要的能力。正像纷繁复杂的物质世界，在其最深层次上仅由原子核内的少数几种基本粒子组成一样，人类在社会活动中表现出来的多姿多彩的能力，在最深层次上也仅是由几种核心能力构成的。

第二张图表明，我们在日常生活中看到的特定能力，其实只是浮出海面的冰山一角，而通用能力和核心能力则是海面下的冰山主体。相对于特定能力和通用能力，核心能力往往是人们职业生涯中更重要的、最基本的能力，对人的影响和意义更为深远。

特定能力是表现在每一个具体的职业、工种、岗位和工作上的能力。特定能力主要体现在国家职业分类大典划分的1838个职业中。长期以来，我们的学历文凭教育，以及职业资格培训，主要就集中在培养人的这种职业特定能力上。相对说来，特定能力是一个窄口径范围。

通用能力是表现在每一个行业，或者一组存在共性的相近工作领域的能力。它们的数量尽管少于特定能力，但适用范围却要宽得多。为了使培养的人才具有更广泛的适应性，现在，针对新生劳动力的职业教育培训，越来越把自己的视线放到这个相对宽口径的范围中。许多国家确定的300个左右的国家职业教育培训科目，通常也在这个相对宽口径的范围中。

核心能力是数量最少、但适用性最强的基本能力，是每个人在职业生涯中，甚至日常生活中必备的最重要的能力，它们具有普遍的适用性和广泛的可迁移性，其影响辐射到整个行业通用能力和职业特定能力领域，对人的终身发展和终身成就影响极其深远。开发和培育人的核心能力，将为他们提供最广泛的从业机会和终身发展基础。

根据我国劳动和社会保障部职业技能鉴定中心组织制定的试行标准，核心能力分为八个大项：与人交流、数字应用、自我学习、信息处理、与人合作、解决问题、创新和外语应用。显然，在核心能力培养中，每一个培训机构，每一个接受培训的人，都完全可以根据各自不同的条件和不同的需要，灵活地选择不同的方向和内容作为自己的重点。

经过各方面专家的多年努力和共同奋斗，核心能力的概念终于深入人心，对受教育者核心能力的养成、激发和评价工作终于将全面开展起来。现在，人民出版社又隆重推出了第一套在职业院校和培训机构开展职业核心能力训练的教材。可喜可贺，特应邀作此序言。

我国职业院校是受高考指挥棒和学历文凭证书等扭曲的教育评价指标影响最小的部分，有可能在整个教育改革中后发先至、走到前列。尽管养成、激励、开发和评价受教育者核心能力的试验在我国刚刚起步，需要研究、探索和实践的领域还很多，但我相信，在这重要的第一步迈出之后，核心能力建设事业必将迅速发展，为国家人力资源开发作出应有的贡献。

2007年5月1日

# 加强职业核心能力培养 努力提高职业教育质量

刘来泉

中国职业技术教育学会常务副会长
国家督学

进入新世纪以来，我国职业教育迅速发展。高职高专教育已成普通高等教育的半壁江山，中等职业教育基本实现与普通高中招生规模大体相当的目标。这是我国实施科教兴国战略，培养数以亿计的高素质劳动者，数以千万计的高技能人才，变人力资源大国为人力资源强国的重大举措，是走新型工业化道路，建设社会主义新农村和创新型国家的必然要求。

导向就业、服务社会和能力本位，指导着我国职业教育的改革发展，培养了一大批生产、服务、管理一线需要的技术、技能型人才。经过几年的实践探索，职业教育正向着规范化、注重提高质量的方向发展。科技的迅猛发展和经济全球化的到来，我国社会经济领域对职业人才的要求在不断变化，现代职场对职业人才的社会适应性、创新能力和创业能力的要求也在不断提高。突出表现在职业岗位所要求的职业道德、职业态度和职业核心能力（或关键能力）等职业综合素质越来越成为用人单位选人、用人的重要标准。然而，目前我国的教育，包括职业教育、普通高等教育培养的人才与这种社会的要求尚有一些距离。从不少用人单位的调研反映看，职业院校毕业生，也包括普通高校毕业生的"与人合作精神和能力"、"与人交流能力"、"吃苦耐劳的精神"、"责任感和敬业精神"，以及"创新、创业意识和能力"等都需要进一步提高。

加强职业核心能力培养，提高职业人才的综合素质，是职业教育的重要内容和组成部分，也是当今世界职业教育发展的一个重要趋势。近年来，我国召开的几次全国职业教育工作会议以及国务院颁发的改革与发展职业教育的有关决定，对此都有过明确的要求。因此，培养职业综合素质已逐步成为我国职业教育领域的共识，成为我国职业教育发展的现实需要。在强调职业知识和职业技能培养的同时，加强职业核心能力培养，是加强职业综合素质教育的有效抓手，是实现职业教育培养目标的重要途径，是促进人的全面和可持续发展的内在要求。人的全面发展既包括人体机能、生活工作技能的发展，也包括人的基本能力、人的精神和心理的发展。这个分层次的发展要求，核心是价值观，其外围可以分为基本的工作态度、职业道德、基本的行为方式，以及知识和技能等。基本的行为方式不外乎与人交流、与人合作、解决问题、信息处理、自我学习等几种基本能力。这些能力是人的发展和职业生涯中最为重要的能力，是获取成功的关键能力，也是能获得满意工作、幸福生存的重要基础。在现代社会，如果没有

"自我学习"的能力，不可能适应工作岗位的不断变化和科技的快速发展；没有较强的"信息处理"能力，就不可能应对信息社会的变革；没有"与人交流"、"与人合作"的能力，就不可能在经济全球化世界中跟上步伐；没有解决问题、不断创新的实践能力，就不可能实现自己的理想，不可能到达成功的彼岸。

我们相信，重视职业核心能力培养，改革教育教学工作，加强职业核心能力培训，将促进我国职业教育的健康、持续发展，有利于提高我国职业教育的质量，有利于职业人才培养，更好地服务社会、促进就业、方便创业，造福于民族，造福于国家。

2007年5月6日于北京

# 训 练 导 航

20世纪末出现的一场波及全球的新技术革命，一方面有力地冲击着传统的产业结构并构建着新的行业，另一方面极大地激发了人们新的需求并改变其消费方式。在这两个互为因果的条件作用下，在世界范围内引发了市场需求结构的巨大变化，推动了各国产业结构的调整和改组，改变了各国社会经济发展的格局和速度。

这种巨大的变革必然会从根本上影响社会职业结构和就业方式的变化。首先，大批新职业以超出人们想象的形式和速度显现在社会生产和生活之中。这些新职业工作岗位的技术更新快、技术复合性强、智能化程度高，工作的完成更多地依靠劳动者善于学习、会解决实际问题，并具有改革创新精神。其次，现代职业的工作方式发生了根本变化，社会产品、服务和管理更注重以人为本的理念，工作的完成更多地依靠每一个人的团队合作精神和与人沟通的能力。此外，人们发现不再有终身职业，工作流动加快，人们在职业生涯中要不断改变职业，不管你现在掌握了什么技术，都不能保证你能成功地应对明天的工作，社会最需要的是能不断适应新的工作岗位的能力。

> 新技术革命带来产业结构调整和职业岗位的巨大变化。

未来的劳动者需要具备什么样的能力？这个在就业市场上提出来的问题，直接关系到一个组织能否在激烈的市场竞争中取胜。然而，根据1998年国际劳工组织和世界银行在17个国家的研究表明，职业教育和培训在适应企业和劳动者的就业需要上却总是令人失望。针对这个问题，世界发达国家的政府和企业都十分关注职业教育和培训制度，寻求改革举措，以期建立一支能适应经济发展需要的高技能的劳动队伍。为此，世界上许多国家和地区都不约而同地提出了一个富有远见的目标："开发劳动者的核心能力。"

> 未来的劳动者需要具备什么样的能力？

上世纪70年代起，德国在职业教育技能培养的同时，特别注重方法能力和社会能力（合称为"关键能力"）的培养；80年代初开始，英国政府就开始致力于以就业为导向的核心能力培训认证体系的开发，现已形成十分完善的培训认证体系；美国、澳大利亚、新加坡

> 世界发达国家和地区重视职业核心能力的培训。

等国推行的能力本位教育体系中，关键能力的培养是其中不可或缺的重要组成部分。培养职业核心能力或关键能力，已经成为世界先进国家、地区的政府、行业组织、职业培训机构人力资源开发的热点，成为职业教育发展的趋势。

### 一、什么是职业核心能力？

#### 1. 职业核心能力的定义与类别

职业核心能力是人们职业生涯中除岗位专业能力之外的基本能力，它适用于各种职业，适应岗位的不断变换，是伴随人终生的可持续发展能力。德国、澳大利亚、新加坡称之为"关键能力"；在我国大陆和台湾地区，也有人称它为"关键能力"；美国称之为"基本能力"，在全美测评协会的技能测评体系中被称为"软技能"；香港称之为"基础技能"、"共同能力"等等。

1998年，我国劳动和社会保障部在《国家技能振兴战略》中把职业核心能力分为八项，称为"八项核心能力"，包括：与人交流、数字应用、信息处理、与人合作、解决问题、自我学习、创新革新、外语应用等。

职业核心能力可分为职业方法能力和职业社会能力两大类：

职业方法能力是指主要基于个人的，一般有具体和明确的方式、手段的能力。它主要指独立学习、获取新知识技能、处理信息的能力。职业方法能力是劳动者的基本发展能力，是在职业生涯中不断获取新的知识、信息、技能和掌握新方法的重要手段。职业方法能力包括"自我学习"、"信息处理"、"数字应用"等能力。 **职业方法能力**

职业社会能力是指与他人交往、合作、共同生活和工作的能力。职业社会能力既是基本生存能力，又是基本发展能力，它是劳动者在职业活动中，特别是在一个开放的社会生活中必须具备的基本素质。职业社会能力包括"与人交流"、"与人合作"、"解决问题"、"革新创新"、"外语应用"等能力。 **职业社会能力**

#### 2. 职业能力体系的结构和特征

我国劳动和社会保障部《国家技能振兴战略》把人的职业能力分成三个层次，即：职业特定能力、行业通用能力和职业核心能力。

职业特定能力是每一种职业自身特有的能力，它只适用于这个职业的工作岗位，适应面很窄；但有一个职业就有一种特定的能力。1999年，我国编制的《国家职业分类大典》细分有1838个职业，目前，新的职业还在不断产生，所以特定职业能力的总量是很大的。 **职业特定能力**

行业通用能力是以社会各大类行业为基础，从一般职业活动中抽象出来可通用的基本能力，它的适应面比较宽，可适用于这个行业内的各个职业或工种，而按行业或专业性质不同来分类，通用能力的总 **行业通用能力**

量显然比特定能力小。

职业核心能力是从所有职业活动中抽象出来的一种最基本的能力，具有普适性等主要的特点。它可适用于所有行业的所有职业，虽然世界各国对核心能力有不同的表述，但相比而言它的种类还是最少的。

3. 核心能力培养、培训的现实意义

核心能力对职业活动的意义，就像生命需要水一样普通，一样重要。对于劳动者、企业和学校，它分别具有以下现实意义。

**对劳动者来说**，掌握好核心能力，可帮助劳动者适应就业需要，帮助劳动者在工作中调整自我、处理难题，并很好地与他人相处；同时，它是一个可持续发展的能力，可帮助劳动者在变化了的环境中重新获得新的职业技能和知识，有较好的职业核心能力，能帮助劳动者更好地发展自己，适应更高层次职业和岗位的要求。在德语中，"关键"一词原意为"钥匙"，"关键能力"意味着"是打开成功之门的钥匙"。职业核心能力是我们每个人成功的有效能力、基础能力，在现代社会，其重要性日益显现。

**对企业来说**，人力资源是第一资源，提升员工的核心能力是增强企业核心竞争力的基础。在激烈的市场竞争条件下，无论在传统行业、服务行业，还是在高科技行业，核心能力与其他知识和技能一样，都是企业赖以取得成功的基本要素。在经济竞争中，开发员工的"智能"，能提高工作绩效，提高企业效益，是增加利润的基础。事实上，不少的企业在招聘员工时，十分注重应聘者的职业道德和核心能力的素质，在企业的内训中，除提高员工的岗位技能素质外，不少企业越来越重视职业核心能力的培训。

**对学校来说**，培养毕业生的职业技能和职业素质是增强就业竞争力的根本。职业道德、职业态度和职业核心能力等构成职业的基本素质，劳动和社会保障部组织开发"职业核心能力培训认证体系"，就是为了更好地、有针对性地培养、培训毕业生的职业基本素质，为就业服务。开展职业核心能力培训和认证，是职业素质教育的平台和抓手。按照职业生涯的基本要求，明确职业核心能力的基本范围和能力点，在就业之前，强化职业核心能力的培训，能有效提高学生的核心能力。与此同时通过职业核心能力的认证，可以更好地指导学生明确自己的发展目标，为自己获得满意的工作和幸福生活奠定基础。

因此，培养、培训职业核心能力就是为就业服务，为企业发展服务，为劳动者终身教育、全面发展服务。

**二、怎样培养、培训职业核心能力？**

核心能力的培养是人一生的课程，每个人都有其先天的基础，

职业核心能力

为什么要培训职业核心能力？

**对个人来说**，核心能力是就业必备的技能，是成功的钥匙。

**对企业来说**，培训员工的职业核心能力是增强企业核心竞争的基础。

**对学校来说**，培训职业核心能力是为了增强毕业生的就业竞争力。

9

不同的人有不同的潜质。事实上，从小开始，每个人都在学习、培养自己的核心能力，学校、家庭、社会都是每个人学习的场所。但不同的生活、学习经历，不同的学习方式和历练过程，不同的人对核心能力的认识以及所获得的职业核心能力存在着较大的差别。职业核心能力培训的目的就在于着力提升已经有一定基础的学习者的核心能力水平，使学习者系统了解发展自己职业核心能力的方法，全面提高适应职业工作场所所需要的综合能力。

职业核心能力培训的教学宗旨是：以职业活动为导向，以职业能力为本位。必须通过职业活动（或模拟职业活动）过程的教学，通过以任务驱动型的学习为主的实践过程，在一定的知识和理论指导下，获得现实职业工作场所需要的实践能力。

如何培训职业核心能力？

职业核心能力的培训不同于一般的知识或理论系统的教学，其教学目标不在于掌握核心能力的知识和理论系统，而在于培养能力。

1.职业核心能力的课程设置与培训

实施职业核心能力培养，可以采取渗透性的教学方式，即在各专业课程的课堂教学中，重视学生职业核心能力的培养，把职业核心能力的培养渗透在专业的教学过程之中；同时，在第二课堂，在学生的社团活动和社会实践活动中，强化职业核心能力的培养，把它作为隐性的课程，以实现其养成的教育。

对学校领导说——
学校怎样开课：
专业渗透教学；
必修课；
选修课；
集中强化培训；
……

实施职业核心能力的培养，也可以采取专题性的培训，即开设职业核心能力的课程，通过必修或选修，集中培训，系统点拨和启发；还可以利用几个周末的时间，或者在就业前集中一段时间专题强化培训，帮助学生全面、系统地提高自己的职业核心能力，以增强就业的适应性和竞争力。

职业核心能力的系列教材是为满足职业院校实施核心能力集中培训的需要而编写的。在组织教学时，根据教学课时的实际，可以分模块开课，让学生按需选修。也可以组合模块培训，即在一年级培训"职业方法能力"，包括"自我学习"、"信息处理"、"数字应用"能力等三个模块；二年级培训"职业社会能力"，包括"与人交流"、"与人合作"、"解决问题"能力等三个模块，以达到全面学习和系统提高的目的。

职业核心能力培训课程的教学要体现以下原则：

第一，教学目标反映能力本位的主导性。要强调培训课程以培养完成任务和解决问题的实际能力为目标，整个课程要突出以工作现场为条件，以实际任务驱动，或采取项目贯穿始终的动手能力训练，以能力点为重点，不追求理论和知识的系统与完整。

职业核心能力培训的教学原则

第二，教学形式的拓展性。要能在各种工作场景或环境中开展教学。除专题讲授外，核心能力的培训还应贯穿在各种课程模块之中，贯穿在各种课外活动、生产实习和各种社会实践活动之中。

第三，教学组织的多样性。要实现专题性教学和渗透性教学相结合，多渠道、多形式地培养、培训。

第四，教学过程的针对性。学习者的能力在不同模块中会有强弱的差别，即使在同一模块中，对各能力点的掌握程度也会有高低的不同。因此，对学习者来说，已经具备的能力点不必重复学习和训练。

2.核心能力培训的教材与教学

（1）教学的基本方法：行动导向教学法

核心能力培训除了必要的程序性知识传授之外，大量需要的是通过实际活动进行行为方式的训练，因此，核心能力培训主要应遵循**行动导向教学法**的理念和方法。

对老师说——
职业核心能力怎么教?

行动导向教学法是以职业活动的要求为教学内容，依靠任务驱动和行为表现来引导基本能力训练的一种教学方法。

行动导向教学有很多方法，其中最适合用于核心能力培训的方法有项目教学法、角色扮演教学法及案例教学法等等。这些教学法主要是通过行为目标来引导学习者在综合性的教学活动中进行"手——脑——心"全方位的自主学习。在这种新的教学方式下，教学目标是一个行为活动或需要通过行为活动才能实现的结果，学习者必须全身心地参与到教学活动的全过程中去才能实现教学目标。因此，在整个教学活动过程中，学习者是主角，参与是关键，教师只是教学活动的主持人，其责任是通过项目、案例或课题的方式让学习者明确学习的目标，在教学过程中控制教学的进度和方向，根据学习者的表现因人施教，并对学习效果进行评估，从而指导学习者在专业学习和技术训练的过程中全面提高综合能力，即核心能力的素质。

学生是主角，教师只是教学活动的主持人。

（2）教材的内容组织：学习领域

为了落实全新的教学理念，达到立足能力培训的目标，我们组织北京、广州、深圳、大连、河北、陕西、山西、福建等省市普通高校、职业院校和科研单位的教授、研究员、副教授、博士、硕士，著名培训机构的一流培训师等40多位专家，广泛吸收国内外职业教育和企业培训的先进成果，反复研讨，历经三年开发，形成了这套新型的教材。

教材的新特点

教材的基本组织单元是职业活动要素，即按职业活动的过程形成"学习领域"。在一个"学习领域"中可能涉及多个知识系统，我们不追求该知识的系统描述，只选取必需的知识点，以"够用为度"组织学习。教材参照国家《职业核心能力培训测评标准》中的活动要素设置单元，在每个单元学习前，引述《标准》中培训测评的内容，作为培训和达标的指引。

（3）教学的基本单位：能力点

本手册每节以能力点或能力点的集合作为基本教学单位。

（4）教学的基本程序：OTPAE五步训练法

能力的训练需要有科学的方法，要通过有效的程序达到真实有效的效果。根据行动导向教学法的理念，参考国内外先进的职业教育和企业培训的模式，经反复研讨，设计了一种新型的"目标—任务—准备—行动—评估五步训练法"，即"OTPAE科学训练程序"，在每个能力点的训练中，均按照下列五步训练法组织教学和训练：

① 目标（Object）：是依据核心能力标准将本节训练的活动内容和技能要求作具体解释和说明。呈现本节特定的学习目标，以使学习者明确学习内容，确认自己学习行动的目的。

② 任务（Task）：是对该能力点在实际工作任务中典型状态的描述和意义的呈示。通过列举活动案例，分析能力表现形态，让学习者形成基本认知；并通过该能力点运用的意义阐述，形成学习者的学习动力。

③ 准备（Prepare）：是对理解与掌握该能力点"应知"内容的列举和说明。知识是能力形成的基础，掌握必需的基本知识以及能力形成的基本方法、程序，是提高能力训练效益的重要前提。

④ 行动（Action）：是以行动导向教学法组织训练的主体部分和重点环节。立足工作活动过程，采用任务驱动、角色扮演、案例分析等教学方法训练能力点。它是示范性和写实性的，是能力培训的落脚点。

⑤ 评估（Evaluate）：是对本节教学过程中教师如何评价教学效果和学习者如何评估自己学习收获的一个指引。通过教师、同学和本人的自我监控，及时了解学习的成果，获得反馈。

本书在每单元能力点的分解练习之后，设计了"综合练习"环节，目的是在能力点的分解动作训练之后，系统集成，针对整个活动的完成，形成完整的能力素质。

### 三、为什么要培训自我学习能力？

所谓自我学习能力，是指在工作活动中，能根据工作岗位和个人发展的需要，自主确定学习目标和计划，灵活运用各种有效的学习方法，并善于自主调整学习目标和计划，不断提高自我综合素质的能力。它是从事各种职业必备的一种方法能力。自我学习能力以终身学习为主要特点，以各种学习方法和良好的学习习惯为手段，以学会学习为最终目标。

在现代社会，随着知识总量的迅速扩张、知识更新的加快，一个大学生在校所学知识可能仅占其一生所需知识的10%左右，而其余

只培训能力点

"五步训练法"

什么是自我学习能力？

自我学习能力是第一能力！

90%的知识需要在工作中通过自学获取。可见，学会学习已成为现代社会职业生涯中一种生存的必备能力。同时，我们也可以发现，在现代知识经济社会，技术革命加快，谁要在今天的竞争中取胜，必须不断学习，不断吸收新的知识和技术，不断发展自己的能力，在诸多的能力中，自我学习的能力是第一能力，是致胜的法宝，是未来社会发展中最具价值的能力。

古人云，授之以鱼，只供一饭之需；授之以渔，则终身受用无穷。美国未来学家托夫勒有句名言："未来的文盲不是目不识丁的人，而是没有学会怎样学习的人"[①]。联合国教科文组织在《学会生存》中也指出："教育应该较少地致力于传递和储备知识，而应该更努力地寻求获得知识的方法，即学会怎样学习"[②]。自我学习是现代人的一种核心能力。不少的国家积极建设学习型的社会，以适应现代社会的需要，十分强调学会认知，学会学习，强调自我学习提高。

我们每个人从小就开始在不断地学习，但是，并不是每个人都会学习，有的是态度积极、认识正确，但方法不佳，事倍功半；有的是态度不端正，方法也缺乏，收效甚微。我们把"自我学习"作为专门的培训课程，目的在于让学习者学会学习。既提高认识，强调态度的端正和积极，增加学习动力，也授其"学法"，诚如古人所说，"工欲善其事，必先利其器"，提供系统的学习方法指导，学会运用现代先进手段来学习，以提高学习者的学习效率。我们的目标是，希望从事各种职业的人员，都能通过自我学习能力的提高，及时获得提升职业能力所需的知识、信息和技能，以到达成功的彼岸。

### 四、怎样测评职业核心能力？

我国职业核心能力培训测评标准体系是由人力资源和社会保障部国家职业技能鉴定中心主持，组织有关职业教育和培训机构、普通教育学校和学术研究部门共同参与开发的。

怎样参加测评？

职业核心能力的认证，主要测评学习者"应知"和"应会"的能力达成程度。学习者可以通过全国性的笔试统考，利用纸笔考试或智能化的计算机网络手段的考试，测评自己的能力达到的程度，同时，参加综合能力的面试测评，即提供证明自己能力点的业绩证据，或通过体现能力的现场考核评价，利用测评文件包，由测评师依据国家标准，对应能力点当面测评，评定结果。学生在通过考核后，即可获得人力资源和社会保障部职业技能鉴定中心颁发的职业核心能力水平等级证书。

---

① 《第三次浪潮》，[美]托夫勒著，黄明坚译，中信出版社 2006.6。
② 《学会生存——教育世界的今天和明天》，联合国教科文组织国际教育发展委员会，教育科学出版社 1996.6。

每个人在参加职业核心能力训练时都有一定的基础，我们相信，通过系统的学习训练，你能得到全面的提高，会有长足的进步。

　　拥有较强的职业核心能力，就是拥有了打开成功之门、幸福之门的钥匙；获得职业核心能力培训和认证的证书，就是获得了通向成功的护照！

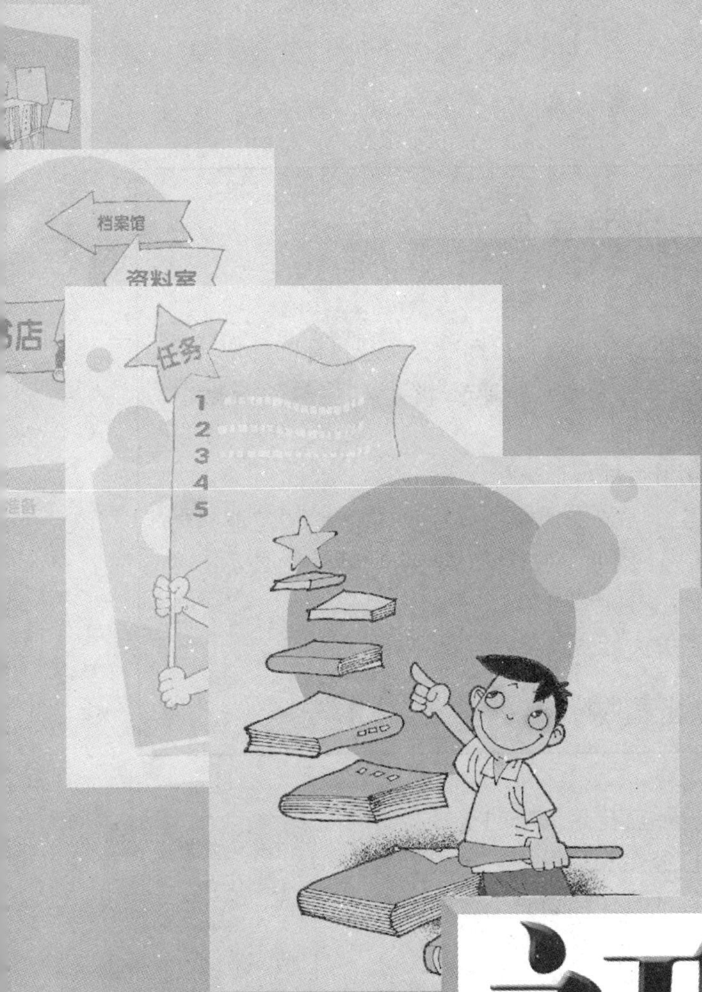


高级

中级

# 初级

# 第一单元　制订学习目标和计划

## 能力培训测评标准

在制订学习目标和计划过程中——

在有关人员的指导下，确定你在短期内要实现的目标以及实现目标的计划。

在确定学习目标时，通过教练、培训教师和职业指导人员等的帮助，能够：

1. 明确学习的动机和所要实现的学习目标。

2. 制订相应的可执行的学习计划（1～3年、1学期、1月或1周），清楚地列出完成每一个学习目标的行动要点及期限（例如，在什么时候需要请教什么人，需要做完什么训练，等等）。

3. 找到一位所需要的培训教师和有关人员，以获得需要的支持和测评。

（摘自《职业核心能力培训测评标准〈自我学习能力单元〉》初级）①

马克思说："最蹩脚的建筑师从一开始就比最灵巧的蜜蜂高明的地方，是他在用蜂蜡建筑蜂房之前，就已经在头脑里把它建成了。"可见，确定明确的目标，并制订实现目标的具体计划，是做好任何工作的开端和基础。

国家《职业核心能力培训测评标准》在"自我学习"能力部分，按职业活动分为三个要素，分别是：制订学习目标和计划、实施学习计划、反馈与评估学习效果。按能力达到的程度又分为三个级别：初级、中级、高级。

> 学习力是我们生活在21世纪最需要具备的能力，是一个人生存的最大资本。
> ——哈佛大学教授柯比《学习力》

---

① 本手册每单元所摘引的《职业核心能力培训测评标准（自我学习能力单元）》（试行）由人力资源和社会保障部职业技能鉴定中心制定，人民出版社2007年7月出版，以下不再一一详注。

在初级的培训中，"制订学习目标和计划"活动要素里包括了三个能力点：

1.明确目标途径。

2.计划运筹时间。

3.获取支持指导。

本单元通过两节内容的训练，帮助你提高上述三个能力。第一节训练第一个能力点，重点是作为学习者，如何明确自己的学习动机和目标。动机是学习的动力，有了这样的动力，才能实现你的学习目标。在这一节，你将学会激发自己的学习动机，量化自己的学习任务和预期的学习效果。第二节训练第二、三个能力点，重点是如何制定时间计划。通过这一节的学习，你将学会做不同时限的计划，并掌握一些帮助你执行计划的技巧。

提高学习能力，从本单元起步，愿你走好这有效的第一步。

初

# 第一节　明确动机　确定目标

### 目标：掌握明确动机目标的关键

　　动机是行为的内驱力。有了明确的动机，才能有行动的积极性；而制定清晰的目标则对动机有着重要的激发作用。美国心理学家洛克（E.A.Locke）的"目标设置理论"认为，目标本身就具有激励作用，目标能把人的需要转化为动机，使人的行为朝着一定的方向努力，并将自己的行为结果与既定的目标相对照，及时进行调整和修正，从而能更好地实现目标。因此，明确学习的动机目标是提高学习效果的重要前提，而明确学习目标、制定学习任务，则是明确动机目标的关键。

　　通过本节的学习和训练，你将能够：
　　1.根据实际需要明确学习目标。
　　2.根据学习目标制定学习任务。

> 一个人追求的目标越高，他的才力就发展得越快，对社会就越有益，我确信这是一个真理。
> ——高尔基（原苏联）

记住：

　　明确学习目标、制定学习任务，这是明确动机目标的关键。

### 任务：你知道自己为什么要学习吗？

　　一个人一生要学习许多东西，但在特定的时间内究竟要学些什么？为什么要学它？要学到什么程度？却往往困扰着许多人，你是否也有同样的苦恼？请你先通过如下几个问题来做一次自我检查：

　　你是否有时学了不少东西，却并不十分清楚为什么要学它？

　　你是否有时这也想学那也想学，却什么也学不太好？

　　你是否有时觉得自己该学的东西没学好，却把时间耗费在一些不太要紧的东西上？

　　你是否有时对自己的学习目标是什么并不十分清楚？

　　你是否有时对自己的学习效果如何不甚了然？

　　你是否……

　　产生这些问题的一个主要原因就是，你没有明确学习的动机目标！

三个关键点：
1.明确你为什么要学。
2.弄清要学些什么。
3.确定要学到什么程度。

# 准备：明确目的 制定任务

## 一、明确学习目的

目的是行动的向导，有了明确的行动目的，才能克服盲目性，增强自觉性，从而取得良好的行动效果。因此，每做一件事，你首先要明确"为什么做"。学习也是如此，也就是首先要明确你"为什么学"。目的是动机的具体表现，是由实际需要决定的，学习的目的就是为了满足学习的实际需要。人们的学习需要多种多样，美国教育心理学家奥苏贝尔（David Ausubel）认为，学生的学习动机不外为了满足三种需要：一是认知需要（称为"认知内驱力"），二是自我提高需要（称为"自我提高内驱力"），三是获得赞许的需要（称为"附属内驱力"）。

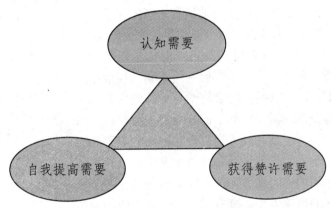

图1-1：学习动机示意图

### 1.认知需要

奥苏贝尔称之为"认知内驱力"，是指要求获得知识的欲望与动机，与通常所说的好奇心、求知欲大致同义。这种内驱力是从求知活动本身得到满足，所以是一种内在的学习动机。由于有意义学习的结果就是对学习者的一种激励，所以奥苏贝尔认为，这是"有意义学习中的一种最重要的动机"。例如，你是一名秘书，对于计算机操作，可能主要是文字录入与编辑，但你可能不仅仅只对Word等文字处理软件的操作感兴趣，你也许会对Photoshop等图片处理工具也感兴趣。于是你会去学习研究Photoshop的操作方法，当你能够得心应手地运用它编辑处理各种图片时，你会从中得到无限的满足。这种满足感（作

> 有意义学习是指在良好的教学条件下，学习者能够理解符号所代表的知识，并能融会贯通，从而发展智力、培养能力的学习。这是一种以思维为核心的理解性学习，可以使学习者获得真正的知识。

为一种"激励"）又会进一步强化你的求知欲，即增强你学习的内驱力。

### 2. 自我提高需要

奥苏贝尔称之为"自我提高内驱力"，是指学习者希望通过获得好成绩、取得好成就来提高自己在家庭和学校乃至社会中地位的学习动机。随着年龄增长，学习者自我意识增强，他们希望在家庭和学校集体乃至社会中受到尊重。这种愿望也可以推动学习者努力学习，争取好成绩，取得好成就，以赢得与其成绩相当的地位，从而满足成就感。自我提高内驱力强的学习者，所追求的不是知识本身，而是知识之外的地位满足（受人敬重、有社会地位等），所以这是一种外在的学习动机。

### 3. 获得赞许需要

奥苏贝尔称之为"附属内驱力"，是指学习者为了获得长者（老师、家长等）的赞许与认可而努力学习，从而获得派生地位的一种动机。这种动机既不是追求知识本身，也不是追求成就与地位，而是追求知识与成就以外的一种自尊与满足（家长和老师的赞许）。他人的赞许不同于实实在在的成就与地位，但与成就与地位有一定的关系，因而被称为派生的地位。这种需要尤其在儿童身上体现得最为突出。

上述三种不同的需要对每个人来说都可能具备，但由于年龄、性别、文化、社会地位和人格特征等因素的不同而有所不同。仅依年龄而论，在童年时期，获得赞许的需要是获得良好学业成绩的主要动力；童年后期和少年期，获得赞许的需要降低，而且从追求家长认可转向追求同龄伙伴的认可；到了青年期和成人期，自我提高的需要则逐渐成为主要动力，特别是在个人的学术生涯和职业生涯中，自我提高的需要是一种可以长期起作用的强大动力。这是因为，与其他需要相比，这种需要包含更为强烈的情感因素：既有对成功和随之而来的声誉鹊起的期盼、渴望与激动，又有对失败和随之而来的地位、自尊丧失的焦虑、不安与恐惧。至于认知的需要，则存在于人的一生，无论是儿童、少年，还是青年、成人，"求知欲"始终是一种强大的学习内动力。

例：赵涵的学习目的是什么？

> 赵涵是一名中专生，他聪明好学又很要强，尤其是理科成绩非常优异。但当同学们在一起谈论什么《道德经》、《水经注》，什么王羲之、吴道子，什么梵高、毕加索，什么《高山流水》、《二泉映月》，什么滑铁卢、背水阵……的时候，他却往往插不上嘴。赵涵感到很郁闷，于是打算利用暑假时间学些东西，下决心改变这种局面。

**认知需要**：源于求知欲和好奇心，是一种最重要的学习动机。

**自我提高需要**：源于成就感和荣誉感，是一种外在的学习动机。

**获得赞许需要**：是一种派生地位的需要，在儿童身上体现得尤为突出。

**注意：**

学习的目的会因实际需要的不同而有所不同。认知的需要是学习的内动力，自我提高的需要则是学习的主要外动力。

分析：

赵涵的问题在于，他虽然理科成绩优异，但文学艺术以及历史地理等人文知识欠缺，这是由于兴趣爱好引起的常见的偏科现象。赵涵意识到了这一点，是因为他不甘落后，希望得到同学的尊重。这就是"自我提高的需要"。根据这种需要，赵涵的学习目的应该确定为：获取人文知识，提高人文素养。

通过以上例子你应该明白：要学习首先要回答"为什么学"的问题，这就是明确学习目的。

## 二、制定学习任务

明确了为什么学，紧接着就是要弄清学什么，这就是制定学习任务。要制定学习任务，你应当做好三件事：一是圈定内容范围；二是确定难易程度；三是分清轻重缓急。

### 1.圈定内容范围

制定学习任务，首先要明确学习对象，即你要学习哪些东西。内容范围的圈定，取决于学习目的。目的不同，学习的内容范围自然也就不同。

> 赵涵：我应当学些什么呢?

例：赵涵怎样确定自己的学习内容?

> 学些什么呢？赵涵想，自己之所以如此，是因为喜欢理科，不喜欢文科，因而缺乏人文知识，造成人文素养低下。要改变这种局面，就得加强人文知识学习，提高人文素养。自己暑假的学习内容就得根据这一学习目的来确定。

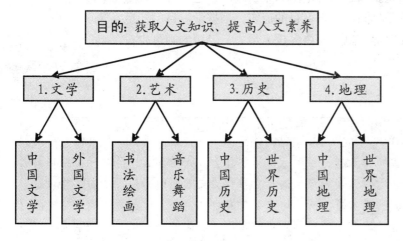

目的：获取人文知识、提高人文素养

1.文学 → 中国文学、外国文学
2.艺术 → 书法绘画、音乐舞蹈
3.历史 → 中国历史、世界历史
4.地理 → 中国地理、世界地理

图1-2　赵涵确定的学习内容

圈定学习的内容范围一定要明确具体、落到实处。图1-2只是说明了赵涵学习的大体范围，这是远远不够的。例如文学一项，仅仅明确中国文学或外国文学是不行的，仅就中国文学而言，还应当进一步明确是古代文学还是现当代文学？是哪些作家作品或文学现象？等等。因为只有明确具体的内容才具有可操作性。

2. 确定难易程度

学习内容的难易程度对学习的动力有着直接的影响，从而严重影响到学习的效果。因此，制定学习任务，在圈定内容范围后，还要确定其难易程度。对一些学习者而言，学习任务过难或过易都会减缓学习的动力。学习任务过难，超越了学习者的能力或自信心，学习者会因为不能成功或自认为不可能成功而逐渐丧失学习的动力；相反，学习任务过易，轻而易举就能解决问题，久而久之，学习者也会因为缺乏挑战性而丧失学习的动力。那么，怎样的难易度才是恰当的呢？有人作过一个形象的比喻：那就是"篮球框"的高度。

---

### 确定学习任务难易度的"篮球筐"原理

喜欢篮球的人大概都知道，篮球筐高3.05米，这个高度不是随意确定的，而是有它的科学道理。这是一个所谓"跳一跳，够得着"的高度。这样的一个高度，人们在投篮时如果"不跳一跳"，就够不着，因而不能轻易地进球，但如果"跳一跳"，经过努力又能够进球。篮筐太低，缺乏挑战性，会使人失去投篮的兴趣；篮筐太高，可望而不可及，则会使人丧失投篮的信心。可见，只有高低恰当才能激发人们的投篮欲望。这就是确定学习任务的"篮球筐"原理。

---

3. 分清轻重缓急

制定学习任务，不光要确定内容范围和难易程度，还要分清轻重缓急。学习任务的轻重缓急同样由学习目的而定。根据学习目的，急重的要先学，轻缓的要后学；急重的要多投入精力，轻缓的则可少投入精力。

例：赵涵应当先学什么呢？

> 赵涵：这么多东西！我应当先学什么呢？

---

赵涵要学习人文知识，而人文知识包括的范围很广，内容很多，但暑假可用的时间有限，这就要求他做出选择：学什么，不学什么？先学什么，后学什么？赵涵发现，每次跟同学们聊天时，谈论最多的是文学和历史方面的问题，诸如哪首诗是谁写的，哪句话是出自哪篇文章，哪个历史事件发生在哪朝哪代，哪场战争是哪国跟哪国之间的战争等等，而且多是中国古代的内容。因此他决定自己这个学期先重点学习中国古代文学和中国历史的有关内容，其他内容待以后再学。

---

通过以上例子你应该明白：要学习，其次要回答"学什么"的问题，这就是制定学习任务。

### 三、量化预期效果

明确学习的目标动机，除了要弄清楚为什么学和学什么外，还应当弄清楚学到什么程度，这就是量化学习的预期效果。心理学认为，清晰的、具体的、可以操作的学习目标，比模糊的、难于操作的学习目标更能够引发学习的动力。因此，在确定学习的目的和任务时，不能只局限于定性的"明确、具体"，而应当使之量化，就是说要规定具体的数量标准。

> 赵涵：我要了解哪几个作家、哪几篇作品呢？

例：赵涵应当怎样量化自己学习的预期效果呢？

赵涵经过思考，决定自己这个学期先重点学习中国古代文学和中国历史的有关内容。那么到底要学习哪几个作家的哪些作品，了解哪几个历史人物和历史事件呢？根据与同学聊天的具体情况，他决定学习如下内容：

1. 粗读《论语》，重点记住其中的一些名言。
2. 通读《中国古代史常识读本》，重点了解老子、郦道元、王维、纪晓岚四个历史人物和中国朝代更替的基本脉络。
3. 粗读《古典诗词简易读本》，重点记住其中的一些名句。

通过以上例子你应该明白：要学习，再次要回答"学到什么程度"的问题，这就是量化预期效果。

> 再次请你切记：
> 明确学习的动机目标，应当明确回答三个问题：
> 为什么学？
> 学什么？
> 学到什么程度？

## 行动：我如何明确学习的动机目标

### 活动一：孙沛假期学习的动机目标如何确定？

孙沛初中刚刚毕业，打算利用假期好好放松一下，同时学一些感兴趣的东西充实一下自己，要知道，她可是校报的自由撰稿人，而且写的小诗还经常获奖呢！但父母早就为她准备好了一大堆学习项目：上数学奥林匹克班，学小提琴，练书法……这些东西孙沛虽然不愿意学，但看到同学们都在学习，自己不甘落后，也觉得应该学一学。那么孙沛应当怎样安排自己的假日学习呢？

**请想想：**

1. 孙沛要学一些自己喜欢的东西，其学习动机属哪一类型？
2. 孙沛还要学习父母给自己准备的学习项目，其学习动机又属于哪一类型？

3.孙沛对写作感兴趣，喜欢写诗，那么她如何确定自己的学习目的和学习任务？

提示：

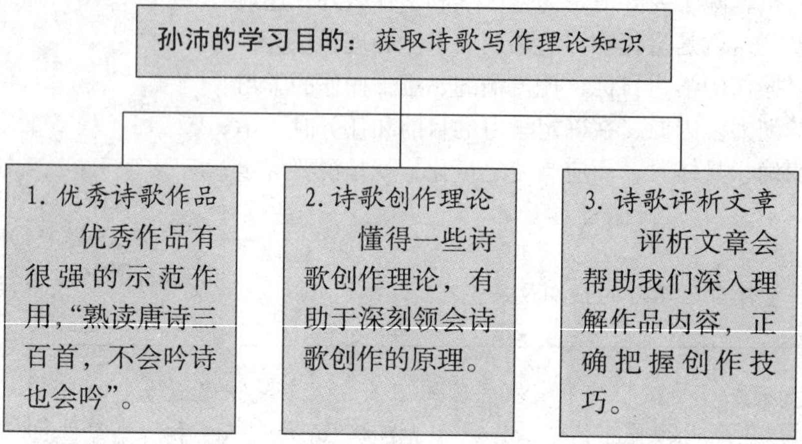

孙沛的学习目的：获取诗歌写作理论知识

| 1.优秀诗歌作品 优秀作品有很强的示范作用，"熟读唐诗三百首，不会吟诗也会吟"。 | 2.诗歌创作理论 懂得一些诗歌创作理论，有助于深刻领会诗歌创作的原理。 | 3.诗歌评析文章 评析文章会帮助我们深入理解作品内容，正确把握创作技巧。 |
| --- | --- | --- |

图1-3 孙沛获取诗歌写作理论知识的结构

**活动二**：王涓如何提高自己的业务水平？

正在上中专的王涓利用星期天在一家服装专卖店打工，这样既可以为自己走上社会积累工作经验，又可以贴补家用。她工作认真勤恳，可业绩却不理想。老板告诉她，做售货员光靠卖力气不行，重要的是要提高业务素质，要用心学习。王涓觉得老板的话很有道理，可是怎样才能提高业务素质？又应当学些什么呢？

请想想：

1.王涓的学习目的是什么？

2.王涓为提高业务素质而学习，其学习动机属于哪一类型？

3.王涓应该怎样确定自己的学习任务？

提示：如图1-4。

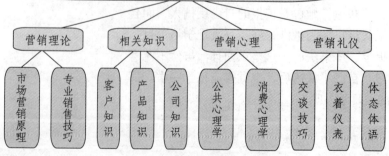

图1-4 王涓的学习任务

**活动三**：李瀚如何提高自己的Word文字处理能力？

随着电脑的日益普及，电脑的使用机会越来越多，单就文字处理而言，无论是无纸化办公，还是学生做作业，都经常用到它。李瀚也能用Word进行简单的文字处理，但对自己的编辑水平很不满意，于是他下决心要提高自己的编辑水平。那么，李瀚该怎么做呢？

**请想想**：

1. 李瀚的学习动机是什么？他要实现什么学习目的？

2. 李瀚应该确定怎样的学习目标？他的学习任务有哪些？

3. 李瀚怎样量化自己学习的预期效果？

**提示**：着重考虑如下三个要点

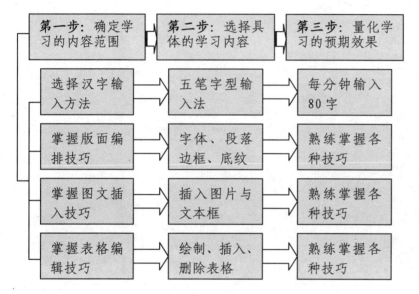

图1-5 李瀚的学习任务与预期

**评估**：你是否掌握了明确动机目标的要点

学完了本节内容，现在请你通过下面的练习检查一下自己，看你是否掌握了明确学习动机目标的要点。

问题：假如你想通过课外阅读扩充自己的知识面，那么你应该怎么做？请你考虑如下问题：

1. 你的学习动机是什么？

2. 你要实现什么学习目的？

3.你应该确定怎样的学习目标?

4.你的学习任务有哪些?

5.你怎样量化自己学习的预期效果?

作业目的:掌握明确学习动机目标的要点,明确学习目的,确定学习任务,量化学习的预期效果。

# 第二节　计划时间 寻求指导

## 目标：计划时间的关键

孔子说："吾十有（又）五而志于学，三十而立，四十而不惑，五十而知天命，六十而耳顺，七十而从心所欲不逾矩。"时间专家也说："10岁时为基础打基础，20岁时为飞跃打基础，30岁时挑战，40岁时建设，50岁时收获。"这些名言说明，人的一生当中，不同的时期有不同的任务，而要完成人生中不同阶段的任务，首要的是对一生中有限的时间作出有效的规划。

通过本节的学习和训练，你将能够：

1. 把你一生的发展计划到每一天。

2. 根据不同的时间段运用不同的时间计划方法。

记住：

明确人生目标是计划时间的关键。

## 任务：算算你的时间价值几何

"一寸光阴一寸金，寸金难买寸光阴"。当你在不经意间度过了一天又一天的时候，你曾想过自己的一分一秒有多大价值吗？下面是一位西方管理学家以每年244个工作日、每天8小时工作时间为基础，作出的一份时间价值计算表（摘录有删减）：

一个观念：

人人每天都只有24小时，生命价值的高低在于如何利用好这有限的时间！

初

表1-1　时间价值计算表

| 年收入（美元） | 每省一小时的价值（美元） | 每省一分钟的价值（美元） | 一年中,每天省一小时的价值（美元） |
|---|---|---|---|
| 30,000 | 15.36 | 0.256 | 3,750 |
| 40,000 | 20.49 | 0.342 | 5,000 |
| 50,000 | 25.61 | 0.427 | 6,250 |
| 60,000 | 30.73 | 0.512 | 7,500 |
| 70,000 | 35.86 | 0.598 | 8,750 |
| 80,000 | 40.98 | 0.683 | 10,000 |
| 90,000 | 46.10 | 0.768 | 11,250 |
| 100,000 | 51.23 | 0.854 | 12,250 |

照此计算方式，给你自己做一份时间价值表，看一看你的每分钟、每小时值多少钱，想一想你自己是如何利用时间的，然后按照下面的步骤学习时间计划的策略。

一日之计在于晨，一年之计在于春。

# 准备：计划时间的两大策略

## 一、抓好起点

俗话说，一日之计在于晨，一年之计在于春。这是说做任何事情必须要抓好起点。从时间管理的角度而言，我们必须要抓好时间计划的起点，制订如下四项计划：

### 1. 年计划

人的一生有许多理想，但这些理想的实现，首先必须要落实在每一个年度当中。即在年初的时候，要俯瞰全年，决定自己的年度目标要分几个阶段实现，在每个月要做到什么。

---

·资料·

**SOHO族的年度计划**

对于SOHO族而言，要再提早3个月到半年的时间做年度计划，才能确保新的一年有计可施。年度计划具有下列的作用：强迫自己提早为明年的工作目标预作规划；让客户觉得你很专业、很投入；通过与客户碰面谈年度计划的机会，可联络感情，并探知该公司新的政策与动向；可以用年度计划来开发新客户。年度计划的内涵因行业差异而有不同，但基本的概念如下：

1.理念。首先应表达你对新年度市场的观察、你所提供的商品所具有的未来性、你的创意与你的理念的所在。要让客户感到你是一个专业的、可以倚重的工作伙伴，以吸引他进一步去探索你将要提出的新商品。

2.效益。客户花了钱，可以得到什么回馈？你将为他们创造何种价值？可以从长期计划与短期实效两方面来阐述。

3.项目。新的年度里，你的产品有哪些？你的服务项目有哪些？各有何特色？它们的轮廓为何？价钱多少？这才是年度计划的核心。

（摘自《世界商业评论》）

---

### 2. 月计划

月计划是年度计划的具体化，即要把年度目标分解到每个月，通过实现每个月的目标，最终达成年度目标。通常，我们应该在每年的第一个月的第一周就把一年12个月的"月计划"明确地做出来，并在每个季度核对一次月计划的完成情况及对后续月计划做哪些修改。月计划要比年计划详细，但又比周计划简略。

3.周计划

周计划是月计划的细化，是实现月目标的行事历。下一周的周计划应该在每周末制订，并在周一实施前对这一周的工作做到心中有数。

在周计划的执行中，周一非常重要。因为在周一你要再次审视一周的工作安排，按照任务的轻重缓急对周计划进行调整。但周一也不宜安排得过于紧张，更不宜把重大事项安排在周一。应在周一工作安排中考虑可怕的"星期一现象"。

> 注意：关键在于坚持不懈，养成做时间计划的习惯。习惯决定命运！

·知识·　　　　　　不可轻视"星期一现象"

国外的一项研究材料表明，在星期一心肌梗死就医的人群，要比一星期中其他任何一天都多20％。某国的一项调查表明，在1986年至1995年的10年间，有8万名男人和女人死于心脏病。医学工作者分析时发现，这些因心脏病致命的高峰期大多集中在星期一。50岁以下且没有心脏病史的女性，死于星期一比其他日子的多五分之一。50岁以下，且没有心脏病史的男人，死于星期一的比其他日子的多19％。此外，因星期五和星期六饮酒而死亡的人数，比一周其他日子的增加64％。

对此，医生建议人们：预防心脏病，消除"星期一现象"，要从身边生活小事做起。一是要消除心理压力。二是要做到劳逸结合。三是要合理膳食。四是要常备急救药物，以防万一。

（《天津日报》1998年9月14日）

4.日计划

无论自己有多么宏伟的理想，都要落实到每一天。因此，日计划是落实周、月、年计划的具体步骤。日安排要具体到每一个时间段，并且还应该充分利用好早晨的时间。

许多成功人士都非常重视自己早晨时间的利用。日本船井综合研究所会长船井幸雄就是利用时间，特别是早晨时间的名家。

·案例·　　　　　　船井幸雄的早晨时间表

船井是拥有4800家客户的咨询机构的总裁。每天约定与他面谈者不少于50人，有关经营咨询的回信20封，接听电话无数，几乎每天他都被邀请外出演讲、会谈。每年他还要撰写近10本书，并飞往全国各地出差。当然，他每天还必须要确保5-6小时的睡眠时间。下面是船井先生每天早晨起床到上班之间的时间安排：

早上5点：起床。

5点—5点30分：调整身体状态——做体操，或使用气诱导装置（引导空气充满全身的装置）。

> 5点30分——6点30分：速读报纸、杂志、书籍。
>
> 6点30分——7点30分：写作或编写一年300余次的演讲或座谈教材。
>
> 7点30分——8点：早餐、剃须、更衣。
>
> 8点——9点：通过电话、传真商讨工作内容。

## 二、巧用提示

**1. 学会用便条**

便条内容简短，大多是临时性的记事、留言或要求等。既可以是一些临时性的事情或工作灵感的简单记录，也可以是在有急事需告诉别人而又不能面谈时的留言，等等。日常生活或工作中学会使用便条，对提高工作的针对性和有效性都会有较大的帮助，正所谓"好记性不如烂笔头"。

**2. 勤作备忘录**

备忘录主要用来提醒、督促对方，或就某个问题提出自己的意见或看法。备忘录是公文的一种，它的内容可以分为以下几项：书端，收文人的姓名、头衔、地址，称呼，事因，正文，结束语，署名。

书端　包括发文机关的名称、地址、发文日期，有的还包括电报挂号、电传号、电话号码等。许多机关有自己特制的信笺，在写书端时，其格式和标点符号的使用与一般信件相同。

收文人(或收文单位)的姓名、头衔、地址　写在左上角编号处的下面，其格式与书信的写法相同。

称呼　从左边顶格写起。

事因　如果此项写在称呼语之前，多从左边的顶格写起。若放在称呼语之后，一般写在信笺正中。它多采用不完整的句子，只需很少几个词，甚至一个词，目的在于使收文人对文中的主要内容一目了然，便于及时处理。

正文、结束语和署名等项与一般信件的格式相同。

在我们的日常工作中，不见得一定要作出完全符合公文规范的备忘录，但至少要及时将一些重要的讨论、安排或意见作出简明的备忘，以随时提醒自己将其中需要落实的事情安排到计划中。

**3. 拟定行事历**

便条或备忘录都是一些零散的事件记录，只能起到一个提醒的作用，如果完全依靠这样的手段来安排工作，往往会使自己陷入手忙脚乱的状况，并且会抓小失大。为此，我们应该利用行事历，既落实计划，又能将临时性的工作作出合理的安排。

行事历的制定，一要确定你扮演的角色，二要选择你要实现的目

注意：

> 不必想得太严肃，仿佛要立下终身大志，只需优先考虑未来一周中应该扮演的角色及要实现的目标。

标，三要安排每个目标实现的进度，四要根据实际情况对目标进行逐日调整。

一周的行程安排如下格式：

表1-2：一周行事历（一）

| 一周行事历 | |
|---|---|
| 角　色 | 目　　标 |
| 个人发展 | 目标1 |
| | 目标2 |
| 家庭角色发展（丈夫/父亲/妻子/儿子） | 目标1 |
| | 目标2 |
| 社会角色发展（董事长、班组长） | 目标1 |
| | 目标2 |

表1-3：一周行事历（二）

| 日　期 | 周一 | 周二 | 周三.... |
|---|---|---|---|
| 本周重要任务 | 当天重点事情 | | |
| | 上午安排 | | |
| | | | |
| | 下午安排 | | |
| | | | |

一周安排按上表进行，除此之外，还应该对每天的身心状况进行打分评定，可以在1—10的区间打分，1分为状态非常差，10分为状态非常好。具体可从如下几个方面入手：

身体：＿＿＿＿＿分

心智：＿＿＿＿＿分

精神：＿＿＿＿＿分

社会情感：＿＿＿＿＿分

这样既可对每天要做什么有十分的了解，也能够对每天做事的效率有一个良好的反馈。

# 行动：假如是我，该怎么做

**活动一**：帮"忙死了"的李杰摆脱困境

"忙死了，忙死了！"邻桌的同事——李杰叫"忙"不迭。于是我转过头去看看他到底在忙些什么。原来有人突然打电话求他帮忙查找资料。我问他：

"喂，必须马上做吗？"

"嗯，截至后天为止。"

"那么，过一会儿再做不行吗？"

"过一会儿就忘了，我必须马上就做。"

请想想：

1.李杰为什么会这么忙？

2.李杰能否变得从容一些？

3.李杰应该怎么做才能摆脱叫"忙"不迭的局面？

提示：

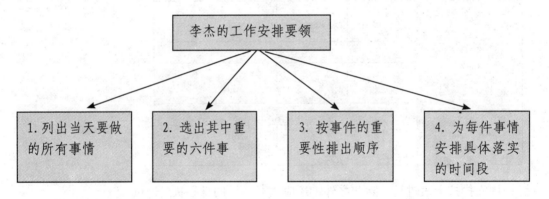

李杰的工作安排要领

1. 列出当天要做的所有事情　　2. 选出其中重要的六件事　　3. 按事件的重要性排出顺序　　4. 为每件事情安排具体落实的时间段

图1-6　工作安排要领图

**活动二**：做一份你自己未来一周的行事历

就你下周的工作和生活事件，做一份行事历。

请想想：

1.你下周都有哪些要做的事情？

2.把你下周要做的事情按重要性排列出来。

3.试着在下周按行事历去做，并坚持这样做三周。

提示：

按照前述行事历的格式去做。

**评估：你知道如何计划时间了吗?**

学完了本节内容，现在看看你是否掌握了计划统筹时间的要点。
下面请你认真思考这样几个问题并自我评估：

| 评估内容 | 能（是、有） | 不能（不是、没有） |
|---|---|---|
| 1.你有自己的年度目标吗？ | | |
| 2.你每天都很忙碌或很悠闲吗？ | | |
| 3.你能确定出自己任务的主次吗？ | | |
| 4.你常使用工作日历吗？ | | |

**作业目的：**检查你是否掌握了时间管理的要点，其中包括做计划
（年、月、周、日），使用便条、备忘录，及做行事历等。

# 单元综合练习

**活动一**：帮李丽制订一份自我提高的计划

很幸运！李丽在一家全国最大的物流公司应聘了一份总裁秘书的工作。刚进入公司后，李丽感到非常兴奋，每一位同事都仪表得体、精神焕发，她和他们之间的交流也很融洽。但一周以后，李丽的上司——总裁办主任找她严肃地谈了一次话。他说，李丽文字处理能力不错，工作也很认真，但对网络营销方面的知识很欠缺，如果这种状况不能很快得到改善的话，她可能试用期都过不了。李丽听完主任的谈话后，顿时陷入了一片茫然之中。仔细地想一想，她觉得这里工作环境不错，自己也很喜欢这份工作，应该竭尽全力提高自己，改善这种对自己不利的局面。

请你帮助李丽走出困境：

1.帮助她确定学习的目标和具体任务。

2.帮助她制订一份行之有效的学习计划。

**活动二**：自我反思，制订计划

结合你当前的学习，反思你自己是否有明确的学习目标和学习任务，然后根据你的目标和任务，给自己定一份年度学习计划，并从今天开始，督促自己按计划学习。

# 第二单元 实施学习计划

## 能力培训测评标准

在实施学习计划过程中——

在相关人员指导下，实施学习计划，并通过一个简单课程和技能训练，提高你的工作能力或业绩。

在实施学习计划时，通过教练、培训教师和职业指导等人员的帮助，能够：

1. 按照行动要点开展工作并按时完成任务。

2. 通过他人的支持和帮助（获得信息、学到新知识、遇到困难时取得帮助），实现目标。

3. 使用不同的方式去学习，包括：

◆课前预习、听课、作业、训练或自学等，学会一个概念或公式

◆提出问题，加深理解

◆用已学会的概念、公式解决问题

◆通过复习，牢固掌握概念、公式

4. 选择并运用与学习内容（如体操、绘画、手工制作等）相适应的学习方法去学习。

5. 在执行学习计划过程中，能听取他人的建议，对计划及时做出调整。

（摘自《国家职业核心能力培训测评标准〈自我学习能力单元〉》初级）

---

耶稣带着他的门徒彼得远行，途中发现一块破烂的马蹄铁，耶稣希望彼得捡起来，不料彼得懒得弯腰，假装没听见。耶稣自己弯腰捡起马蹄铁，用它在铁匠那儿换来3文钱，又用这些钱买了十几颗樱桃。出了城，两人继续前行，经过茫茫荒野，耶稣猜到彼得渴得厉害，就让藏在袖子里的樱桃悄悄地掉出一颗，彼得一见，

赶紧捡起来吃。耶稣边走边丢，彼得也就狼狈地弯了十七八次腰。于是耶稣笑着对他说："要是按我说的做，你最开始弯一次腰，我也就不用一次又一次重复地扔樱桃，你也就不会在后来没完没了地弯腰。"

这个圣经故事说明，如果我们不能按计划行动，那么就只能像彼得那样"狼狈地弯十七八次腰"去一次又一次地重复做工作。

现在我们进入到自我学习能力培训的第二个活动要素阶段："实施学习计划"。在本阶段有六个能力点：

1. 按时落实任务。能按行动要点开展工作并按时完成任务。

2. 积极寻求支持。能通过寻求他人的支持实现学习目标。

3. 自主选择方式。能使用适合自己的不同的学习方法学习。

4. 善用有效方法。能选择并运用与学习内容相适应的方法进行学习。

5. 善用先进手段。能用先进的媒体技术进行高效率的学习。

6. 及时调整计划。能听取他人建议并及时调整学习计划。

本单元包括四节。第一节训练第一个能力点，主要通过训练能够节约、并充分利用时间，从而有效地实施计划。第二节训练第三个能力点，主要训练如何养成良好的学习习惯，学会自我调控、掌握有效的学习方法，以更好地完成学习任务。第三节训练第四个能力点，主要训练如何运用阅读、记笔记、记忆、自我提问等常用的学习方法。第四节训练第五个能力点，训练如何利用网络提高学习效率。第二和第六个能力点不作重点训练，学习者可以自学掌握。

通过本单元的学习，你将掌握自我学习的一些卓有成效的手段，从而使你成为一个高效的学习者。

# 第三节 遵守时间 落实任务

## 目标：按时落实任务的关键

爱迪生说："成功的第一要素是，能够将身体与心智的能量锲而不舍地运用在同一个问题上而不会厌倦。"具体到计划执行上，就是全身心地向着自己预定的目标，严格按计划向前推进自己的工作。在这个过程中，你的专注与排除干扰的能力将起着决定性的作用。

通过本节的学习和训练，你将能够：

1. 学会专注做事的技巧。

2. 学会在计划执行中排除外界干扰的策略。

记住：

专注与排除外界干扰是按时落实任务的要务。

## 任务：请你远离"蜗牛"

许多人善于做计划，但却总是不能坚持按计划执行。他们看似目标明确，计划周密，但行动上却总是磨磨蹭蹭，最终依然毫无建树。你是否有这种"蜗牛"般的"磨蹭"行为呢？下面我们就一起来对你的"磨蹭度"做一个客观的评定。请你对如下20个问题作出"是"或"否"的回答：

1. 从学生时代起就是迟到瘾君子。

2. 一经劝诱，难以启齿说"不"。

3. 属熬夜型而非早起型。

4. 不自觉地抱怨"忙、忙"。

5. 在你眼中周围人总是"忙、忙"。

6. 午饭总是在12点以后才吃。

7. 绝对不在出差时借机旅游。

8. 无能为力的事也应允"OK"。

9. 进入正题前耽于闲聊。

10. 曾被别人评为"喋喋不休"型。

11. 对上司的指示绝不说"NO"。

12. 从不速决速断。

13. 处世圆滑，避免摩擦。

关键点：

成功的关键在于向着自己的目标坚持不懈！

14. 总是乘坐同一辆电车。

15. 优先做"想做的事"而非"必须做的事"。

16. 优先做"难事"而非"易事"。

17. 优先做"费时的工作"而非"马到成功的工作"。

18. 优先处理"紧急事项"而非"重要工作"。

19. 在许多事情上不规定期限。

20. 完美主义。

这是日本时间专家中岛孝志的一份"磨蹭度"检测表，请将你的回答对照如下标准进行判定：

——全部回答"是"者，无论在什么人眼中都是名符其实的"蜗牛"。

——回答12项以上"是"者，是将来有可能发展成为"蜗牛"的人。

——回答6项至10项"是"者，经过训练可摆脱"蜗牛"的雅号。

——回答2项到5项"是"者，只需时常提醒自己即可。

——全部回答"否"者，恭喜你与"蜗牛"无缘。

对自己执行计划的行为有了一个基本判定以后，如果你像"蜗牛"般有"磨磨蹭蹭"的行为，那么你一定要认真学习本节内容，并在现实中严格按要求训练自己的行为；如果你像"蜜蜂"般勤奋，那么你一定要坚持不懈，成功已离你不远了。

# 准备：完成任务的两大法宝

## 一、学会专注

"专注"就是把意识集中在某个特定的欲望上的行为，并要一直集中到已经找出实现这项欲望的方法，而且成功地将之付诸实际行动为止。

把意识"集中"在一个特定"欲望"上的行为，有两项重要的法则，这便是拿破仑·希尔所说的"自我暗示"和"习惯"。

### 1.积极的自我暗示

暗示是在无对抗的情况下，通过议论、行动、表情、服饰或环境氛围，对人的心理和行为产生影响，使其接受有暗示作用的观点、意见或按暗示的方向去行动。自我暗示是依靠思想、言语或符号，自己向自己发出刺激，以影响自己的情绪、意志和行动的暗示。它又分积极自我暗示和消极自我暗示。前者是指受暗示者的行为达到暗示者预期目的的暗示。后者则是受暗示者对暗示产生一种抵触或逆反心理。

成功学家拿破仑·希尔曾揭示了六个实现目标的步骤，也就是通过自我暗示使自己获得成功的方法。这六大步骤分别为：

1.在心里先确定自己所要达到的具体目标。例如，具体的金钱数目，并全神贯注，牢牢地盯着这个具体的目标，直到达到目标——你得到了金钱。正像勃生特在《富豪的心理》一书中所说的那样："我研究过的富豪，每一个都是有确切的目标，都明确地为自己定下过要赚的钱的数额，并同时确定了完成这一目标的时间表。"

2.应牢牢记住"天下没有免费的午餐"。天底下的一切是不可能不劳而获的，你不能自我欺骗，特别在你的目标明确之后，更要有清醒的认识。目标、计划，再加上勤劳而务实的工作，你的理想就会成为一个有期限实现的梦。

3.不要只停留于想象和空谈。任何想法如果没有去执行的想法，只能是空想。你必须立刻开始着手你的计划，不必浪费时间，更不要害怕失败。一个公司在招聘人时，每每问应聘者，在工作中你怎样看待错误，许多人的回答往往是："尽量不出错误。"对此回答的应聘者，该公司往往不予理会。该公司希望听到的回答是："我并不担心自己会出错，但我能做到不重复同一个错误。"

4.要将目标写下来。不要光凭记忆，一定要把自己确定的目标写下来。这样做，还能使本来模糊的细节更加清晰明确。

5.现实地在行动中修订你的计划，但不要轻易地改变时间表，更不能随意地转换你的目标。

6.每天起床前、临睡前两次默念你的目标。因为这两个时候，你的意识的活动力都比较软弱，你的自我暗示更容易与潜意识沟通。在默念时，应让自己看到明显地得到了财富的结果。

> 我并不担心自己会出错，但我能做到不重复同一个错误！

遵照上述六个步骤去做，特别是第六步更加重要。因为这种强烈的愿望将会帮助你。假如你对成功的向往确实已经达到了着迷的程度，相信你一定能得到它。

2.养成良好的习惯

良好的习惯是成功的金钥匙。在目标实现的道路上，良好的习惯同样能够帮助你专注于自己的工作。卡耐基提出，我们做好工作，按时落实任务必须要具备如下四种工作习惯：

（1）消除你桌上所有的纸张，只留下与你正要处理的事务有关的纸张。美国芝加哥和西北铁路公司的董事长罗南·威廉士说："一

> 特别提示：
> 习惯决定命运！

个桌子堆满很多种文件的人，若能把他的桌子清理开来，留下手边待处理的一些，就会发现他的工作更容易，也更实在。我称之为家务料理，这是提高效率的第一步。"

（2）按事情的重要程度来做事。在现实中，一个人不可能总按事情的重要程度来决定做事情的先后次序。可是按计划做事，绝对要比随心所欲做事好得多。

如果萧伯纳没有坚持"该先做的事情就先做"的这个原则的话，他也许就不可能成为一个作家，而一辈子做一个银行出纳员了。他拟订计划，每天一定要写一页。这个计划使他每天五页地连续写了9年，虽然在这9年里他一共只得了三十几块美金。《鲁宾逊漂流记》中漂流在荒岛上的鲁宾逊，也订出每天每一个钟点应该做什么事的计划。

（3）当你碰到问题时，如果必须做决定，就当场解决，不要迟疑不决。

（4）学会如何组织、分层负责和监督。很多人因为不懂得怎样把责任分摊给其他人，而坚持事必躬亲。其结果是：很多枝枝节节的小事使他非常混乱。他常觉得很匆忙、忧虑、焦急和紧张。这些不良的心理因素或烦闷，通常比体力劳动更容易使人觉得疲劳。

### 二、学会排除外界干扰

能否排除外界干扰，也是落实任务、实现目标的关键。那么如何排除外界干扰呢？

#### 1.避开浪费时间的聚会或会议

许多人都一定有过成为别人"时间人质"的体会。你可能是个业务代表，坐在一个买主的接待室里，而他却待在办公室里，不在乎你转身离开。假如这个人对你很重要，除了等，你也许无计可施。此时，你就可以运用消极的时间管理技巧来管理在这种处境之中的时间，例如看书或看你带来的报告，或是打电话。

有位电视超级明星在回答记者有关"什么是他尽力避免最浪费时间的事"的问题时，他毫不犹豫地回答："无聊的午餐，跟不喜欢的人在一起。我现在已经没有那种非去不可的午餐了。"

时间管理专家建议你：尽量避免浪费时间的会议、约会及社交活动。当然，如果是必须参加的经常性例行活动，则也许无法逃避。但是，你可以尽量想办法改善，而且只要自己可以不参加就尽可能请人代替。

#### 2.不要随便接手别人想给你的问题或责任

如果你珍惜你的时间，不要随便接手任何人想给你的问题或责任，如果你接受在你的工作职责范围之外所有找上门的问题，你的生活会变成一场噩梦。

> 著名诗人波浦说："秩序，是天国的第一条法则。"秩序也应该是成功人士的第一条法则。

哈佛大学有一句学习格言："如果一个人只满足于完成别人所要求的事情，那么，他只能是个奴隶，只有当他超越了这个限度，才能成为一个自由人"。

3.懂得说"不"

假如朋友请你接手一个计划，但是你已经负荷过多，或是你对这个计划并不感兴趣，这时你可以作出如下回应："对不起，我现在没有办法帮你。"

有时候，你也许必须对你的领导，对你的主管说"不"，该怎么说呢？你需要非常小心地记住，一个好的经理希望知道你什么时候不能完成他要求你做的事情。一个有效的技巧是表达你对于必须搁置他们的要求事项感到忧虑，你应该以轻重缓急的方式来措辞，可以利用下面的说法："我正在写一份我们讨论过的报告，我也很想去参加那个会议，您觉得哪一个比较好？"

4.掌握一些提醒时间的技巧

在录像现场和录音间里，有两种非常有名的用来提醒时间快要结束的手势：一种是场务用手按顺时针的方向划大圈圈，意思是赶快；另一种则是切割喉咙的手势，表示"卡！立刻停止，时间已经到了。"

日常生活中，你经常需要暗示跟你谈话的人你有多少时间。因此，学习如何利用一些简单的时间暗示，不仅可以节省你的时间，而且还可以减轻你的压力，并强化你的社交技巧与彬彬有礼的形象。以下就是一些最有效的方式。

(1) 时间限制暗示

这个信息应该在交谈一开始就传递出来。有效的时间控制方式是在会谈一开始就要说出来："抱歉！我需要先告诉你，我必须在4点钟的时候打一个很重要的电话。"重点是要一开始就宣布，而不是在3点55分时才说。

这种时间限制暗示有三种目的：一是告诉对方他们对你很重要，你非常想花点时间跟他们在一起，听听他们有什么话要说；二是给对方一个界限，他们可以事先知道你给他们多少时间；三是迫使对方切入主题，而不要浪费时间在不相关的细节上。有时候，有些人无法在当时你所能给他们的时间内合适地讨论一个话题。假如是这样的话，另外约定一个时间。

(2) 肢体暗示

你可以开始收拾文件，好像正准备离开办公室一样。还可以在椅子上将身体往前倾，或将文件放在一起，就像你要离开一样。最明显的肢体语言就是站起来。

(3) 停顿与沉默

"是"和"不"是两个最简单、也是我们最熟悉的字，而不会说"不"的人，永远不会成为一个全面的人，只能成为不情愿的奴隶，不断被来自各方面的干扰所征服。

——哈佛大学教授柯比《学习力》

持续拉长两次回答之间的沉默的时间。

(4) 加速暗示

下面是一个你可以在交谈时运用的方法，特别是在通电话时："我知道你正在忙，但是我有一个简单的问题。"说对方很忙是一种说"我很忙"的礼貌方式，目的是使交谈的速度加快。另一个说法是："小王，在我去开会之前，我必须问你……"或是："在我们挂电话前，我想要弄清楚一点。"或是："小王，我应该去开一个5分钟前已经开始的会议。但是，我不想谈得太匆忙，我什么时候可以再打给你？"

(5) 找东西

有的成功人士会全神贯注地注意对方一段时间。但过了一定的时间之后，他们会开始找桌上或办公室其他地方的东西，似乎有一点分心，甚至有一点过意不去。访客得到了这样不太模糊的信息，了解他们即将受到注意的程度是多少后，就会结束会谈。

(6) 道具

有位图书营销员，在她的皮包里放了一个定时器，每过10分钟就会响起来，然后，她会说她必须去赴下一个约会或打一个电话。如果她觉得谈话需要继续，她就会关掉定时器。

(7) 结语

有些人不知道如何结束谈话，他们会说好几次再见，而且每一次都说得有点困难。结束谈话的方式应该快速而且有礼貌："好了，王先生，我会再跟你联络。多谢了。"然后你就可以离开。

当然，除了专注和排除外界干扰外，给自己一些时间的提示也有必要，如利用"时间日志"控制学习进程，用"倒计时法"提醒自己按时完成学习任务等等。在中级里我们介绍做时间日志的办法，其他的控制办法如"甘特图"控制表，可参见《解决问题能力训练手册》（中级）相关内容。

# 行动：坚定地向目标冲刺

**活动一**：王凯为什么哭了？

王凯是学校有名的优秀生，也是一位爱好广泛多才多艺的好学生。他的目标是考上重点大学，圆自己的名校梦。高考结束了，结果他只考取了一所二流学校，接到录取通知的时候他伤心地哭了。他的父母、老师和同学都觉得很可惜，也不可思议他会是这样的结果，因为比他学习差一些的同学都考进重点大学了。进一步回访，我们发现，他爱好广泛，性格随和，学习也很好，所以同学们都很愿意和他交往，很多学生社团和课外活动都特别想请他参加，他也是有求必应。这样每天都有许多业余时间被其他活动所占用，特别是在高考冲刺的阶段，自己的功课只能靠开夜车来完成。日复一日，他自己觉得在学习上欠了许多"账"，但没有太多在意，结果没想到却收获了这样的"苦果"。

请想想：

1.王凯的主要任务是什么？

2.王凯如何面对同学的邀请？

3.王凯在今后的学习和工作中应该注意什么？

提示：

1.确定自己当前面临的任务都有哪些。

2.明确自己最重要的任务是什么。

3.学习应对外界干扰的交往技巧。

**活动二**：写一份自己过去一周的反思日志

就你自己过去一周的工作和生活情况写一份反思日志。要求写出你都做了哪些事情，这些事情的效果如何，出现的主要问题是什么。

请想想：

1.你过去一周都做了哪些事情，其中哪些是该做的，哪些是不该做的？

2.分析自己为什么做了许多不该做的事情，症结到底在哪儿？

3.今后应该从哪些方面改变自己，应该树立一种什么信念才能让自己向着预定的目标前进？

提示：

分清主次，坚定目标，排除干扰。

## 评估：你明白落实任务的关键了吗？

学完了本节内容，现在看看你是否掌握了按时落实任务的要点。下面请你认真思考这样几个问题：

1.在完成任务的过程中，你会因为困难重重而打退堂鼓，或者拖延时间吗？

2.在你的学习或工作中，是否有影响效率的行为习惯，如不由自主地看电视、吃零食，或随手翻阅不相干的书籍、上网玩游戏？

3.当你正在专心致志地做事的时候，好朋友打电话约你去打球，你会怎么办？

4.上司刚给你布置了一项重要的工作，今天刚一上班他又要求你做另一件较繁重的工作，这时你会怎么办？

5.你每周有多少次参加在自己看来没有多大价值的会议，你对这些会议的态度是什么？

**作业目的**：检查你是否掌握了按时落实任务的要点，其中包括专注于工作和排除外界干扰等。

# 第四节　选择方式　自主学习

## 目标：自主选择学习方式的关键

美国未来学家阿尔文·托夫勒说："未来的文盲不再是不识字的人，而是没有学会学习的人。"什么叫做"学会学习"呢？中国有句古语说得好：授人以鱼，只供一饭之需；教人以渔，则终身受用无穷。这里的"渔"便是自主学习的要件，其核心则是你能否自主选择学习方式。

通过本节的训练，你将掌握自主选择学习方式的三个重要方面：

1. 良好的学习习惯。
2. 良好的学习兴趣。
3. 良好的自我调控。

> 自主选择方式的三个要件：
> 学习习惯，
> 学习兴趣，
> 自我调控。

## 任务：你如何才能成为学习的主人？

自主选择学习方式就能达到自主学习。当你能够达到自主学习的状态，或者说你能够主导自己的学习时，你才会进入一个全新的学习境界。请你认真思考如下几个问题，判断你自己是否已成为学习的主人。

1. 你对自己的学习成绩、智力水平、个性特征等有充分了解并能进行综合评估吗？

2. 你对自己的学习目标有明确的认识吗？

3. 你能够自由选择学习内容、学习材料吗？

4. 你能主动与教师或同学共同探讨学习方法、交流学习体会、交流学习材料，并在必要的情况下相互帮助吗？

5. 你善于与他人交流情感，并在必要的情况下寻求适当的帮助吗？

如果以上几个方面你都做得很出色，那么恭喜你！你已经成为自己学习的主人了。如果你还有做得不到位的地方，希望你认真学习以下内容，这将帮助你成为一个自主学习者。

> "谁也无法说服他人改变。我们每个人都守着一扇只能从内开启的改变之门，不论动之以情或说之以理，我们都不能替别人开门。"学会自主地学习，就是为自己打开了成功之门！

# 准备：自主选择学习方式的三个环节

## 一、养成学习习惯

自主学习要从养成良好的学习习惯开始。良好的学习习惯主要包括这样几个方面：

1. 预习的习惯

预习有三种层次：第一种是课前看一看（或翻一翻）课本；第二种是看课本解决生字词（语文、外语）、做做练习（数学、物理、化学）；第三种是查找资料作深入研究。你在培养自己预习的习惯时，可以坚持做预习报告。如表2-1。

> · 资料 ·　　阅读的十种预习指导方法
>
> 　　叶圣陶先生曾经指出，练习阅读的最主要阶段是预习。指导预习是学法指导的一个重要环节，通过预习中的学法指导与训练，可以使学生逐步形成"展卷而自能通解，执笔而自能合度"的能力。安华水老师总结了十种预习方法：审题法，拈词法，图解法，类比法，实验法，摘录法，提纲法，激兴法，导疑法，避读法。
>
> （摘自http://www.zhongkao.cn）

表2-1　数学预习报告

| 预习内容 | | 第　　页　　例 |
|---|---|---|
| 课本的算法 | | |
| 我的算法 | 算法1 | |
| | 算法2 | |
| | 算法3 | |
| | 算法4 | |
| 我的发现： | | |
| 我的问题： | | |
| 我的例子： | | |

> 　　预习可以使你逐步形成"展卷而自能通解，执笔而自能合度"的能力。

**2.复习的习惯**

复习也有三种情况。第一种是先复习，后做作业；第二种是先做作业，有时间再复习；第三种是安排专门的时间复习。复习最重要的是要注意整理归纳，对学过的知识进行梳理，使其系统化、结构化。

---

·资料·　　　　　　复习的方法

　　**循环复习法**　循环往复，不断重复，加深理解与记忆的一种复习方法。

　　**比较分析法**　通过对学习内容的相同点、不同点的对比，通过对客观事物的去粗取精、去伪存真、由此及彼、由表及里的改造制作，客观、全面、深刻地认识事物的方法。

　　**综合归类与概括提炼法**　综合，是在认识的基础上把事物的各个部分或不同特性、不同方面结合起来的过程。它与分析是两种相反的思维过程，二者紧密联系，不可分割。综合以分析为前提，没有分析，认识就无法深入。分析后又必须综合，没有综合，就无法把握事物的整体。

　　**尝试回忆自我检测法**　"尝试回忆"是心理学术语，也叫"试图回忆"。在材料还没有完全记住之前，盖上书本尽力回忆学习材料，这种复习方式叫试图回忆。这种复习方法在记忆、复习中效果较好。

　　**小结复习法**　在学完一章或一节结束后所进行的、以概括提炼为主的系统复习方法。小结的过程就是检验自己概括阐述教材正确与否的过程。

　　**总结复习法**　在单元或学科结束后，对学习内容进行总体分析，确定知识要点及其相互联系的复习方法。总结是系统地复习、巩固知识，应用理论并使其系统化、深刻化的复习过程。为了加强对知识总体的系统复习，可借助图表，如单元知识总表、全书知识体系表，还可以提出启发性问题，由学习者归纳整理。

（摘自http://blog.lchedu.net）

---

**3.使用工具书的习惯**

学习中，必须准备必要的工具书，如《新华字典》、《现代汉语词典》、《新英汉词典》等，以便使你在学习的过程中，及时解决遇到的问题，并且一定要长期坚持，养成使用词典的习惯。同时还应该学会到图书馆或利用互联网查找资料，独立地解决疑难问题。

## 二、培养学习兴趣

**1.自我寻找学习的乐趣**

首先，你要在心理上有所准备，坚信学习是件有趣的事。然后通过如下方法进行自我训练：

(1)在学习前激励自己，自言自语，连说几遍"我喜爱学习××学科，××学科奇妙无比"等话语。

（2）在学习中比平时更细心，花更多的时间。平时不原谅自己的粗心失误，尽可能使自己获得成功的愉悦。

（3）在不想学习，不感兴趣时，回忆自己学习上的优点，例如"我的解题思路是正确的"、"我的运算速度是快的"、"我的记忆力是好的"、"我的文笔是优美的"等，淡忘自己的缺点，增强自信心。如果能坚持这样的训练，会使你逐步感到学习中的趣味。其实，我国古代学者早已有采取这种自我寻找学习乐趣的方法。

2．培养好奇心

学习兴趣会在不断的探究之中变得越来越深刻。因此，平时要留心观察一切事物，多给自己提一些"为什么"，并且经常与同学、老师一起讨论研究学习中的问题，感受知识的魅力。学业上的长进往往是循着"好奇——有疑——思考——释疑——有得——产生兴趣"的轨迹发展的。

3.把学习兴趣与理想和奋斗目标结合起来

学习兴趣要保持持久的动力和永恒的活力，就需要把兴趣之花深深扎根于理想的土地之中。一方面要使自己的理想具有明确的近期目标，从而脚踏实地地完成目前的各项学习任务；另一方面，使自己的理想具有远大目标，从而执著地追求人生的未来。这样你的学习兴趣就会越来越浓，发展成为你的志趣，最终实现从"苦学"到"乐学"的转变。

> 无论何时何地，你必须成为一个高效能的学习者，始终使自己学习的速度大于或等于现实变化的速度。
>
> —— 柯比
> （哈佛大学）

## 三、学会自我调控

1.自我监控

自我监控是对自己学习进程的评估，有助于你把主要时间和精力用在学习上，提高学习效率，提高学习成绩。自我监控的方法很多，这里请你掌握如下两种方法：

（1）自我记录技术

这是为了增强你对自己学习过程的监督、控制，在学习完成后填写学习记录表的方法。你可以参照表2-2做一份自己的"作业自我监控表"。

表2-2　作业自我监控表

| |
|---|
| A. 布置的作业都记下了吗？　　是　　否 |
| B. 需要课外完成的作业有 |
| 　　a_____ |
| 　　b_____ |
| 　　c_____ |
| C. 做课外作业的时间是_____ |
| D. 课外作业完成了吗？　　是　　否 |
| E. 有哪些地方还没有理解？ |
| 　　a_____ |
| 　　b_____ |

（2）自我提问技术

这是一种常用的促进理解的技术。它是在学习之前或学习的过程中，自己提出一些问题来引导学习过程或检查学习质量。通过这种不断的自我提问，你可以及时了解什么内容已经掌握了，什么内容还不明白。

下面是一些帮助你提高阅读能力的提问的题目，你可以参照在其他科目的学习中运用：

◇解释为什么/如何……

◇……的主要观点是什么？

◇如何用……来做……

◇说明这一观点的例子是……

◇如果……你认为会发生什么事？

◇……和……之间的差异是什么？

◇……如何影响……

◇……的优点和不足是什么？

◇……与……是一种什么样的关系？

◇……的理由是……

> 读书始读，未知有疑。其次渐渐有疑，中则节节有疑，方始是学。
>
> ——朱 熹（宋）

2. 自我指导

自我指导是你采用书面或口头方法，把学习步骤或方法呈现出来，以提示、引导、督促自己学习的方法。采用这种方法的时候常常会用到提示卡。下面是帮助你完成作业的"作业自我检查表"，你可以参照作出自己的提示卡。

表2-3　课外作业自我检查表

| 姓名 | 日期 | 学科 | 年级 | 教师 | | |
|------|------|------|------|------|---|---|
| 遵循的步骤 | | | | 是 | 否 | 备注 |
| A 昨天的课外作业交了吗？ | | | | | | |
| B 在笔记本上记下所有要做的课外作业了吗？ | | | | | | |
| C 所有课外作业都放在课外作业夹里了吗？ | | | | | | |
| D 完成课外作业所需要的材料都带齐了吗？ | | | | | | |
| E 现在开始做作业？ | | | | | | |
| F 所有的课外作业都要完成吗？ | | | | | | |
| G 要别人帮助检查作业吗？ | | | | | | |
| H 检查完后，把所有作业都放回作业夹里了吗？ | | | | | | |
| I 把作业交给老师吗？ | | | | | | |

**3.自我评价**

自我评价是你依据一定的标准对学习进行评判的过程。许多心理学家都认为，你的学习成效如何，在很大程度上是通过你自己的自我评价来调节的。你可以通过评价表进行自我评价。

表2-4 学习自我评价表

想一想今天的课上得怎样（好、中、差分别记为 3、2、1分）

　　A 上课的准备是否充分？　　　　　　　　　　　（　　）

　　B 课外作业是否按时完成？　　　　　　　　　　（　　）

　　C 上课时注意力是否集中？　　　　　　　　　　（　　）

　　D 课堂发言是否积极？　　　　　　　　　　　　（　　）

　　E 不懂的地方是否主动请教过他人？　　　　　　（　　）

　　F 课堂练习都做对了吗？　　　　　　　　　　　（　　）

　　G 课外学习时与同学合作了吗？　　　　　　　　（　　）

　　H 每节课的学习任务都完成了吗？　　　　　　　（　　）

　　I 学习方法的使用情况怎样？　　　　　　　　　（　　）

　　J 学习的东西都感兴趣吗？　　　　　　　　　　（　　）

　　K 今天的学习与昨天相比怎样？　　　　　　　　（　　）

　　L 其他。请写下自己的感想和意见：

　　_____

　　_____

**4.自我调控**

调控是学习的保证。稳定的情绪与平和的心态，对学习是有利的。在学习的过程中，有时会尝到成功的喜悦，有时也难免会遇到困难和挫折。这就要求你能调整自己的心态，控制自己的情绪，做到胜不骄、败不馁，要避免狂妄和消沉，能自己教育自己，不断进取，争做强者。要客观地评价自己，既了解自身的长处又看到自己的不足，能制定目标、采取措施，不断调整心态、控制行为，使自己逐步成为品学兼优的人才。

# 行动：做一做自主训练的头脑体操

**活动一：走进晓丽的学习世界**

这是星期四的晚上，晓丽正在为第二天的历史考试作最后的复习准备。在上一个星期六的晚上，她为自己如何准备这次考试制订了一周的学习计划，并且确定了学习目标。她首先明确了哪些是必须学的内容，自己应该如何学，在什么时间完成什么学习任务。她从星期一开始学习，主要掌握学习要点和重要的历史事实。她对课本中的每一节逐一进行复习，并且通过给自己提问考试中可能出现的题目来监控自己的学习质量。星期三晚上，她意识到所学的几个历史事件记起来有困难，于是她画了一个表格，把几个事件的背景、过程、结果与影响等方面列出来。通过进行比较、对比记忆，她发现在考试中碰到这些内容时，回答起来就不会有什么困难了。

大约8点钟，姐姐回家了，带来了几个同事，在客厅里大声说话。晓丽让姐姐关照同事们要小声交谈，并且关上自己房间的门继续学习。学习了一个小时后，她发现自己笔记上的有些内容记得不详细，于是给同学打电话，把这些内容补充完整。大约9点30分，她感到自己有些疲劳，不能很好地集中注意力，于是休息了15分钟，然后回房间继续完成当晚要完成的学习任务。

**请想想：**

1. 晓丽的学习是在哪个学习阶段？

2. 晓丽学习的自觉性怎么样？

3. 晓丽在学习中采用了哪些策略？

**提示：**

1. 晓丽是如何安排自己的复习的？

2. 晓丽采用了哪些自我监控的方法？

**活动二**：面对这种情景，你会怎么办

在许多情况下，我们在做课外作业时都会面临一些困难，这是因为自己总是想干一些更有趣的事，比如看电视、玩电脑游戏、与朋友聊天。在这样的情形下，你有办法促使自己完成课外作业吗？如果你试图在限定的时间内完成作业，你将采取哪些措施？

**提示：**

试着给自己做一份课外作业的自我监控表，并坚持按其中的要求去做。

**评估：你学会选择方法了吗？**

你是否已经具备了自主学习的能力，并能对自己的学习负责？请你认真思考并试着动手解决下面的问题：

1. 你能制定学习目标，并在必要的情况下调整目标吗？

2.你能否确定学习材料和学习活动，使之符合自己的学习目标呢？

3.你能选择或自我设计学习的方式吗？

4.你是否能主动与教师或同学进行讨论？

5.你能否对自己的学习活动进行监控？

6.你能客观地评估自己的学习结果吗？

**作业目的：**

检查你是否掌握了自主选择方式的要点，其中包括学习习惯、自我监控、学习方法。

# 第五节  掌握方法 学会学习

## 目标：掌握有效的学习方法

知识经济的时代最重要的一个理念就是"学会学习"。知识浩如烟海，信息与日俱增，我们如何才能更快、更好地学习，掌握更多、更新的知识呢？，

通过本节的训练，你将能够：

1. 了解基本的学习方法。
2. 学会选择并运用与学习内容相适应的学习方法。

> 今天教育的内容百分之八十以上都应该是方法……方法比事实更重要。
>
> ——纳依曼
> （联合国教科文组织总干事）

## 任务：理解并掌握基本的学习方法

你有了较强的学习动机，也有了明确的学习目标和合适的学习计划，然后认真地、努力地去学习了，可结果总是事倍功半、不尽人意。这是怎么回事呢？这说明你还没有找到行之有效的学习方法。

虽然古今中外的学习方法很多，但基本的应该掌握：

阅读的方法；

摘要的方法；

笔记的方法；

记忆的方法；

自我提问的方法。

这几种学习方法互相联系、互相促进。其中，阅读是最重要、最基本的方法。我们每天都在阅读，但读的效果未必好。那么，该如何阅读呢？

**两个关键点：**
1. 基本的学习方法。
2. 自己的学习方法。

**记住：**

你要结合自己的职业培养目标、学习材料的性质、学习的实际情况选择学习方法。

## 准备：了解学习方法的秘密

学习方法是人们在学习活动中所应遵循的原则及采用的程序、方式和手段的组合。它可以分解为程序、原则、方式和手段四个要素。

程序 指学习行为的先后顺序（过程、环节、步骤、阶段、顺序等）。学习程序具有时间顺序性（即学习行为先后排列，行为之间有着内在的逻辑联系）、具体明确性（学习行为顺序具体明确，操作性很强）和层次性（任何知识的学习都是有层次的）的特点。

原则 指学习活动中应该遵循的准则和要求（法则、规范、要求）。它具有概括性和抽象性、规范性、主观性和层次性的特点。

方式 指完成一项学习任务的具体途径（途径、渠道、形式、模式、类型、方法）。它具有类型的多样性、综合性和层次性的特点。完成一项学习任务，可以有许多不同的学习方式，一种学习行为是由许多要素按照一定的结构方式组合在一起的（如学习者、记忆材料、对记忆材料的处理等），学习行为有宏观和微观的层次之分。

手段 指学习活动中采用的工具或物质手段。

学习的方法很多，我们应该针对不同的学习内容，选择不同的方法。

1.阅读的方法

阅读是获取知识的主要方式，阅读的质量往往决定学习的成效。下面介绍几种方法：

(1) 合—分—合三步阅读法：也就是"鸟瞰、解剖、会通"三步。鸟瞰，即粗略了解大概，明确重点；解剖，即将各部分仔细钻研，重要点细解剖，疑难处细研究，有所得则记下来；会通，即上下左右贯通，将全书全面彻底了解。

(2) SQ3R五步读书法：这是用5个英文单词的第一个字母组成的学习方法：

第一步：S（Survey，浏览），浏览前言、内容提要、目录、书中大小标题、图表、参考文献等内容，对全书有个大概了解。

第二步：Q(Question，提问)，通过看大小标题和一些关键词，并根据自己的需要和兴趣提出问题，以便使后面的阅读更有针对性。

第三步：R(Reading，阅读)，带着问题深入阅读，写批语，做笔记，抓住关键和重点。

第四步：R(Recite，复述)，这是回忆性的复述，合上书本，就所提问题给予解答，并回忆各章节主要内容，以此对阅读的效果进行自我检查。

第五步：R(Review，复习)，几天后，再有重点地复习，熟记主要内容，巩固阅读效果。

(3) 提高阅读速度的方法：

第一，要用默读而不用朗读。改掉虽不明显发声，但发音器官（嘴和喉部）仍然做出轻微的发声动作的不良习惯。

第二，扩大视距，整体认知。变点式阅读为线式阅读和面式阅

记住：

　　每一种方法都有其独特的功效，而且将对特定情景中的学习者发挥作用。

读，一次看一个句子和几个句子，把一句话或一段话作为一个整体，直接了解其意义。

第三，抓住重要的、关键的信息。对长句子，要抓住主语、谓语、宾语，用压缩的方法来理解。对复句，可以根据关联词来理解。对段落，要抓启始句、总结句或中间的关键句。对一篇文章，可以通过分析文章的标题，寻找主要段落来把握文章的中心思想，根据组织材料的线索把握文章的内容。

第四，预测和推测。对阅读材料看了一部分，或者有了大致了解后，可以根据作者的思想思路以及上文，推测下文和结论。

第五，查阅。根据需要，事先明确想要了解什么信息，或者提出问题，然后直接从文中查找所需要的信息。

**2. 摘要的方法**

摘要的过程就是阅读理解的过程，应该掌握如下技巧：

明确所遇到的困难——放慢速度以求精读。

自我质询——加深理解，问自己诸如"为什么那是对的"等问题。

预测后续内容——在阅读下一段之前，首先暂时停顿一下，猜测作者将要说什么，或将得出什么样的结论。

寻找主要内容——分析文章，比如分析某段的文意，识别讨论的主要内容是什么。

摘要——删除文章的细枝末节或冗长信息，用较高层次的术语代替各个项目的简单罗列，用较高层次的动词来整合一系列事件，并用自己的语言写出主题句。

将文章与先前经验相联系——通常以类比、举例、延伸以及比较等形式，将文章中的观点与先前储存的信息联系起来。

**3. 做笔记的方法**

把主要的关键的内容提炼出来并记录下来，以便复习记忆时参考。有课堂笔记（听讲笔记）和读书笔记两种。

（1）在书上做笔记

画线。主要画重点句、重点词语、关键词。

作符号。有表示名词术语、定义、重点、难点、疑问、赞同等意思的符号。要建立自己的一套符号系统，每种符号表示什么意思应该有一定之规。

如：表赞同"！"，表疑问"？"，表重点"···"，表难点"※※※"，表术语、定义"＝＝＝"。

写注解、主题词和批语。注解是补充性的阐释、补充性材料和事例。主题词是对一段文字的概括。批语是引申个人的看法、独特的见解、启发和体会。

> 不动笔墨不读书！

注意每一页书上画线、作符号、批语不要太多太杂，不要边看边画，而要看完一段再画。

（2）作课堂笔记

一般是重点、难点、疑点、补充点以及自己的联想、体会。要注意以下要求：

以听为主，以记为辅。

形式上，以纲要式和图表式为主。

数量上，记多少根据自己的实际情况和需要来决定，不要有言必录，也不要漏洞百出。

布局上，不要满页都写，应该写在左边或右边空出1/3的地方，以便于将来补充和列提要、写体会。

速度上，训练手的敏捷性，利用行书、缩略语、符号提高书写速度。

语言上，对教师概括提炼的板书可以抄录，对教师解释性的语言尽可能迅速提炼出自己的话。

使用上，课后要整理、复习和利用笔记，不利用就失去了笔记的意义。

（3）作读书笔记

根据使用纸张的形式分：笔记本式、卡片式、剪报式、活页式。

根据读者对阅读材料加工的程度分：摘录式笔记和评注式笔记。

无论哪种形式的笔记，都要重视笔记和资料的分类整理，要注明资料的来源和出处，以便核对和查找。

4.记忆的方法

（1）记忆的规律

及时复习与记忆。根据著名的艾宾浩斯遗忘曲线，遗忘的进程是先快后慢，遗忘的数量是先多后少。因此，及时复习有助于巩固记忆。

阅读与尝试回忆相结合。边看边背，及时反馈，效果比较好，反复阅读的记忆效果比较差。

在理解的基础上记忆。对有意义的材料要加强理解，运用已有知识以及知识的内在逻辑去理解和联想。对无意义的材料，要通过加工，尽可能人为地赋予它一定意义，以便于记忆（如谐音、顺口溜

· 资料 ·　　记笔记的方法

1.记录方法。筛选出笔记中应该记录的内容。应该记下的只有主要内容和例证。注意听讲，找出总结性语句，并记录下来。要能够听出带有暗示性的词语，比如"有四个原因"等诸如此类的句子。不要试图记下所有内容，那只会徒然增加你的负担，而且会影响听课的思路。

2.列线形提纲。是指列出具有提纲挈领性质的主题和次级主题。当然，要为以后进一步完善笔记留出一定空间。

3.画图做提纲。是指用图表的形式形象地标示出内容之间的关系。比如树形图、流程图、概念网络图以及二维表格等。当然，这些形象的组织方式必须根据所学内容进行恰当选择。例如，对两种内容的比较，采用二维表格的形式就最为合适。

4.划分区域。在笔记本中间用尺子划一条竖线，将整个笔记本分成两部分，一部分记录上课所讲内容，另一部分用来进行一次或者多次的修改工作。

（参考《自我调节学习》〔美〕Barry J. Zimmerman）

等）。

多种通道并用。研究表明，眼耳口手多通道并用比使用单一通道记忆效果好，看的记忆效果为70%，听的记忆效果为60%，既听又看的记忆效果为86.3%。

通过参观、访问、看录像等来感知具体学习的东西。这样印象深刻，通过亲自动手，学以致用，记忆就更牢固。

集中记忆与分散记忆相结合。

系统化、结构化。对材料加工整理，把握知识的结构和系统。比如列提纲、画知识树、画结构等。

（2）记忆的方法

提纲记忆法。把要记忆的材料列出提纲，再根据提纲进行联想和扩展。

图表记忆法。把知识整理成图表。

比较记忆法。通过比较两个或两个以上事物的相同点和不同点来记忆。

归类记忆法。把相同或相近的内容归为一类，利用接近联想和相似联想进行记忆。

形象联想法。通过人为的联想，把无意义的材料和头脑中鲜明生动奇特的形象结合起来，利用形象的东西易记的特点，记忆效果更好。

谐音记忆法。把无意义的材料编成语音相近相似的材料进行记忆。

串字头记忆。把一句话压缩成一个字（一般是开头的字），再把这一个个字串起来成一句话或几句话，即把许多个记忆组块压缩成一个组块。

5. 自我提问的方法

上一节讲"自主学习"时，我们讲到"自我监控"中的"自我提问"技术，在学习之前，就学习的内容和材料，事先提出一系列不清楚、想知道和弄明白的问题，然后带着这些问题去学习，效果会很好。

在学习之前提的问题，形式主要有：

◇（观点、材料、结论）对吗？

◇（意义与价值、事实与情况）是什么？

◇多少？怎么样？何时？何地？为什么？

◇怎么办（程序、途径、原则、手段）？

◇需要吗？可能吗？

提问要点：善于把大问题分解成小问题；找到自己不知道的真正的问题；知道研究一个事物要从哪些方面考虑。

# 行动：体验学习的乐趣

**活动一**：案例分析——方涛记笔记的启示

方涛在政治课上很少记笔记。他认为所有的内容都在课本上，完全没有必要记笔记，只有那些没有理解学习材料内容的学生才需要记笔记。但是，最近他在科学课上对阅读文章做摘要笔记取得了一定成功，因而他认识到，做课堂笔记也许具有同等功效。而且，方涛的教师也开始收集学生们做的笔记，并测查课堂讲授内容及学生们对已讨论过的问题的理解情况。于是，方涛也开始做笔记了。但因为他缺乏记笔记的方法，所以笔记内容贫乏且支离破碎。他的笔记只有1个主要内容，2条例证，也没有进行任何修改。结果他的笔记和小测验都只得了30分。

方涛决定采取教师推荐的记笔记方法。他尝试着选择并记录主要内容和例证，而且还在主要内容上画上星号，列举出所提到的例证。他仔细听讲，捕捉其中总结性的句子以及起暗示性作用的词语，比如说"总的来讲"、"原因有五个"等诸如此类的句子。他还将下列内容作为自己的目标：平均每节课记下4个主要内容、8条例证，标记其中的1个重点，以及每天上课期间对自己的笔记暂不进行修改。现在他记笔记的成绩有了进步，得了50分。而测验分数仍然是30分，因为他还是不知道如何利用笔记来学习。

方涛开始应用记笔记方法。他在课堂上所获得的信息开始增多。运用方法的第二周，他平均记录下5个主要内容、10条例证、1份重点一览表，但没有对笔记进行修改。这一周，他的笔记得了60分。经过和同学讨论，方涛决定将笔记整理成提纲的形式，使自己学习起来更加轻松，而且确立了修改笔记的目标，即对于那些感到困惑或者记录不全的内容，就打一个问号，然后第二天请教同学，或者查阅资料，或者请教教师，以解答这些疑问。

方涛的"问号策略"真的很起作用。他发现自己已经能够记录下20条例证来支持10个主要内容，列了2张重点一览表，进行了1次修改。他的笔记和测验都得了80分。

**请想想：**

1. 根据前述记笔记的方法，对照一下，方涛采用了哪些方法？

2. 从这个例子里你得到什么收获？

3. 你觉得方涛的记笔记方法还有哪些不足？

提示：

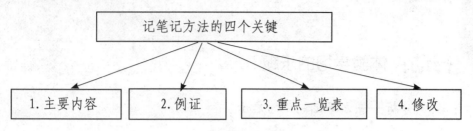

图2-1　记笔记的四个关键

**活动二**：袁丽的学习成绩为什么不高？

袁丽的语文课经常得到老师"赐予"的"D"，她是一个比较差的阅读者，很少能够完成课外作业。袁丽一般只阅读课文中的大标题，有时只扫一眼第一段内容。她阅读时，通常也不做笔记。全班讨论时，她也尽量不开口讲话。老师点名回答时，她只能说出梗概。老师要求写摘要时，她大约每页只花1分钟的时间就万事大吉了。她通常把第一段的大标题之后的头一两句话抄下来，并把它们作为主要内容。但她没有想到将所记的笔记摘要成一些主题，也没有对这些过程进行监控。她摘要的平均得分是20分，表明她对老师示范的做摘要方法并没有掌握。

**请想想**：

1.袁丽做摘要的方法存在什么问题？

2.请你帮袁丽掌握摘要的方法。

3.进一步理解"主要内容"应如何做？"重点句子"应如何做？"主题句"应如何做？

提示：

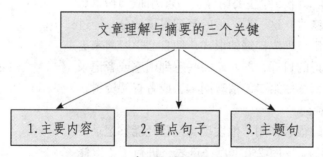

图2-2　文章理解与摘要的三个关键

**活动三**：随机选择100个成语，运用前面讲的记忆方法锻炼记忆能力，并总结出运用了哪些方法

**请想想**：

1.成语的意义类型有哪些？

2.成语结构联系有哪些？

3.成语的字头分类有哪些？

4.成语的出处有哪些？

## 评估：你是否掌握了学习方法的要点？

学完了本节内容，现在看看你是否掌握了学习方法的要点。下面请你认真思考这样几个问题：

1.通过以上训练，你感到有什么收获？

2.通过今天的学习，你是否能够掌握以上学习方法？哪些方法掌握得好？哪些还需要进一步训练？

3.今天的学习过程中有些什么疑难问题？

4.你觉得哪些方面需要改进？

**作业目的：**

检查你是否掌握了几种学习方法的要点，其中包括阅读的方法、摘要的方法、笔记的方法、记忆的方法、自我提问的方法。

# 第六节　利用网络 高效学习

## 目标：掌握网络学习手段

　　正如曾任微软公司全球副总裁的李开复所说，信息时代已经到来，年轻人在信息科学与信息技术方面的素养也已成为他们进入社会的必备基础之一。在现代职场，虽然不能要求每个人都需要懂得计算机和网络的原理，懂得编程的知识，但都应能熟练地使用计算机、互联网、办公软件和搜索引擎，都应能熟练地在网上浏览、查找信息、学习新的知识。随着知识传播的电子化，在网上学习，已经成为发展的趋势，成为重要的学习方式之一。因此，利用网络来自我学习，是提高我们学习效率的十分重要的途径。

　　通过本节的学习和训练，你将能够：

　　1. 了解网络学习的方式。

　　2. 利用电子邮件交作业，与教师进行网上对话。

記住：

　　以新求进，以实求真。学习自主化，手段现代化。

## 任务：了解网络知识

　　在信息时代，网络是信息的海洋，是知识的海洋，学会使用信息化的工具帮助自己工作和学习，是现代人的必备技能。其中，有效利用网络来学习新的知识，查找知识，能使自己的学习效果事半功倍。

　　你是否具备这样的能力呢？请你先通过如下问题做一次自我检查：

　　1. 当你急需要掌握大量信息时，你是去找他人，或上图书馆还是上网查询？

　　2. 你知道Internet能做什么吗？

　　3. 你知道Home page 是什么吗？

　　如果你的回答都是否定的，那么你已经落后于新时代的学习要求了。你就需要学习本节的内容，我们将会把你带进全新的学习境界。如果你对网络比较熟悉，掌握了网上学习的技能，本节的内容你可以越过去，学习下一节新的技能。

三个关健点：

了解网络常识。

掌握网络学习技能。

熟悉网络学习环境。

# 准备：成功上网的要诀

## 一、学习网络常识

在当今世界上，电脑信息网络使人们得以在全国各地乃至全球范围内交换各种各样的信息，正所谓"秀才不出门，能知天下事"。在全球信息网络中，目前覆盖面最大、信息资源最丰富的当属Internet。

Internet，我们把它译作"国际互联网络"，也有人称它为"国际网"、"交互网"，它有着十分强大的信息交互功能。

在Internet网络上的E-mail功能，可以接收和发送电子邮件,方便地传递文字、图像和声音信息。利用Telnet和FTP功能，能直接使用远程电脑主机的软件系统，以及丰富的信息资源，并可以非常方便地上传和下载数据。使用Google,Baidu等搜索工具，依据查询关键字，可以查询和检索网络上的各种文字、图像、音频、视频资料。通过浏览器如Internet Explorer，可以方便、生动地获得和浏览信息资源。通过在线聊天工具如QQ、MSN我们可以与生活在地球另一端的朋友随时进行交谈。借助于多媒体技术，Internet网络用户可以收看和收听网络上世界各地的动画、图像资料和有声资料。现在利用Internet网络可以进行声音和图像同步传送，举行视频会议，并可以应用于远程医疗会诊。

### 1.什么是IP地址？

为了使连入Internet的众多电脑主机在通信时能够相互识别，Internet中的每一台主机都分配有一个唯一的32位地址，该地址称为IP地址，也称作网际地址。IP地址由4个数组成，每个数可取值0～255，各数之间用一个点号"."分开，例如：210.38.32.4。实际上，每个IP地址是由网络号和主机号两部分组成的。网络号表明主机所联接的网络，主机号标识了该网络上特定的那台主机。如：上例中210.38.32是网络号，4是主机号。

### 2.什么是域名？

IP地址是以数字来代表主机的地址，比较难记。为了使用和记忆方便，也为了便于网络地址的分层管理和分配，Internet在1984年采用了域名管理系统，入网的每台主机都具有类似于下列结构的域名：

主机号.机构名.网络名.最高层域名

域名用一组简短的英文表达，比用数字表达的IP地址容易记忆。例如：北京电报局的一台与Internet联网的电脑主机的IP地址是202.96.0.97，域名为PUBLIC.BTA.NET.CN，其含义是: 主机号PUBLIC.北京电报局.网络中心.中国。其中.NET.CN表示为邮电网。我国其他网的域名分别为：

.AC.CN 表示为科研网。

.EDU.CN 表示为教育网。

.COM.CN表示为金桥网。

随着互联网的发展，中国信息产业的改革，各大网络也有重组与合并，上面关于域名的划分与归属也并非一成不变的。

加入Internet的各级网络依照域名管理系统的命名规则，对本网内的主机命名和分配网内主机号，并负责完成通信时域名到IP地址的转换。对使用者来说，我们绝大部分情况可以不使用IP地址，而直接使用域名，Internet上的服务系统自动地转为IP类型的地址。

3. 什么是Home Page？

Home Page直译为"首页"。确切地说，它是一种用超文本标记语言（描述性语言）将信息组织好，再经过相应的解释器或浏览器翻译出的包括文字、图像、声音、动画等多种信息组织方式。用户可以把它同报纸、杂志、电视、广播等同等对待。比如你想了解中央广播电视大学的情况，你就可以浏览中央广播电视大学的Home Page，它应该放在中央广播电视大学的www服务器上，那么在浏览器URL输入的地方输入http://www.crtvu.edu.cn，就可以找到它。

## 二、如何使用网络

www浏览是当今Internet上最吸引人的功能之一，它能把我们迅速带入网络世界。

### 1. 启动IE浏览器

现在我们使用Internet Explorer浏览器来浏览网页，启动IE最快的方法是单击任务栏上快速启动钮中的"启动Internet Explorer浏览器"图标。

### 2. 拨号连接

如果你还没有接入Internet，选择"开始"菜单上的"程序""附件""通讯""拨号网络"命令，在弹出的"拨号网络"窗口中选择已经设定的连接，双击它，会自动弹出"拨号连接"窗口，输入密码，单击"连接"按钮，拨号连接就会帮你完成登录工作。有的ISP为安全起见，会要求你重输登录名和密码，你按提示操作就可以了。

### 3. 查询连接状态

一旦登录成功，拨号连接会缩小成一个小图标，显示在任务栏的布告区上，如果你要查询连接信息，可双击该图标，连接状态窗口就出现在屏幕上，要知道当前连接状态的详细情况，可单击"详细数据"按钮，查询完毕按"确定"钮，窗口会自动缩小。这时屏幕上只留下完整的IE浏览器窗口，并显示其默认的"欢迎使用Internet"的土页。

**4.浏览Web站点**

浏览网页的方法是在"地址"栏中输入网页地址，比如我们输入163站点的网址：http://www.163.com，再按回车键，这时屏幕下方状态栏中会有一个蓝条指示网页的数据传输进程，一旦完成，窗口中就会显示出完整的该站点的完整主页。

**5.超级链接的识别**

超级链接的识别非常简单，移动鼠标到某些文字、图片或按钮上时，如光标箭头变成了小手，则该处的文字、图片或按钮即为超级链接，有的页面则是把超级链接显示成特殊的颜色，如蓝色。找到超级链接后，单击超级链接即可进入相应的页面。

**6.回退和前进的方法**

IE浏览器提供了极为方便的回退和前进的方法，假如我们通过超级链接往前进了很远，又想往回退，这时就可单击"工具栏"上的"后退"按钮退到上一级页面，也可单击"工具栏"上"后退"旁边的小箭头，直接选择想去的页面，譬如"欢迎使用Internet"起始页。

前进的方法也一样，单击"工具栏"上的前进按钮，我们马上就进入了主页，当然也可单击"前进"旁边的小箭头，在其下拉菜单中直接选择想去的网页。

**7.主页的设置**

如果你希望每次启动IE浏览器时都进入你常用的某个主页，你就得把该页设成主页，单击"查看"菜单，选择"Internet选项"，在"常规"选项卡的主页地址中输入上述主页的地址，再单击"确定"即可完成设置。

**8.交互网页的使用**

前面讲述的网页都是仅供阅读使用，你不用输入任何信息，而所谓交互网页，则是需要你输入文字或设定选项的网页，譬如万用网中的反馈意见表即是一个典型的交互网页，单击万用网主页中的"反馈"超级链接，进入反馈网页。

**9.填写交互网页**

交互网页一般通过单选按钮、下拉菜单、文本域或复选框等来与你交互信息，譬如在上面的反馈网页中，我们认为万用网服务很好，可选"赞美"，在下拉菜单中选择"服务"，并在空白处输入你的意见，最后再输入自己的姓名和联系方法。提交后，上述信息即刻反馈给万用网的管理人员了。

**10.脱机浏览**

IE浏览器的一个很大特色是其脱机浏览功能，一旦IE浏览器从远程服务器把要访问的页面和数据下载到本机硬盘，程序并不维持和远程服务器的动态连接，下次再要访问同一页面，系统就会自动从本地硬盘读取，而用不着再从远程服务器传送数据。

IE浏览器的脱机浏览和历史记录功能，为我们提供了简捷经济的浏览网页的方法。譬如，为节省费用，你可以先把要浏览的网页全部下载到本地硬盘，即历史记录的"今日"栏目，然后再脱机仔细研读寻找所需信息。

11. Internet选项的设置

你也可以为IE浏览器设置自己的选项，打开"查看"菜单，选择Internet选项，出现Internet选项窗口，在常规面板上你可以设置你自己的主页、Internet临时文件夹及历史记录；在连接面板上你可以启动连接向导、设置调制解调器以及所使用的连接等；在高级面板上，你可以根据自己的需要设置各选项。

### 三、如何收发电子邮件

电子邮件是我们交流信息的有效工具。在自我学习中，与老师、同学交换信息资料，提交作业，使用电子邮件会十分便捷。

（一）如何收邮件

1. 启动"邮件"的方法

有三种常用的方法：①在IE中，单击工具栏的"邮件"按钮，再选择"阅读邮件"；②在任务栏中单击"启动Outlook Express"按钮；③通过"开始"菜单操作，即从"开始→程序→Outlook Express"。

2. 邮件接收过程

缺省情况下，一进入Outlook Express，系统就开始检查你的收件箱，看是否已有收到的电子邮件，此时屏幕右下角的状态条上会显示整个接收过程：正在连接…正在检查邮件…正在接收邮件…2封新邮件。接收完毕，"收件箱"文字加粗，并在右侧显示接收到2个邮件的标志"（2）"。你也可以单击"发送与接收"按钮，将会进行同样的接收操作。

3. 阅读邮件

双击打开窗口左边的"收件箱"文件夹，在窗口右边上部可以看到收件箱里面的邮件列表，包括邮件的发件人和主题内容。每个邮件都有一个信封图标，其中已阅读过的邮件图标是拆开的信封，未阅读过的邮件图标是未拆开的信封。用鼠标单击任何一个邮件，都会在窗口右下侧显示邮件内容。

4. 保存附件

有时发件人发送给我们的不仅仅是邮件内容，还以文件方式捆绑了其他内容，例如一些图片、文本文件，可执行文件等，我们称之为"附件"。在收件箱中的邮件列表中，凡带有附件的邮件都有一个回型针的图标。我们可以把这些附件保存到硬盘上以供使用。要想保存附件，首先在收件箱中单击打开某个带有附件的邮件，在窗口右下部的内容窗中，右键单击标题栏上的曲别针图标，从弹出的快捷菜单中选择"保存附件"。在出现的"保存附件"对话框中，单击"浏览"，从弹出的对话框中选择要保存到的位置，之后单击"确定"保存该附件。

5.设置邮件选项

打开"工具"菜单，选择其中的"选项"即可进入邮件的"选项"对话框，该对话框共包括9个选项卡：常规、阅读、发送、撰写、签名、安全、连接、维护、拼写检查。你可根据需要单击各个选项卡，对自己的邮件环境进行相应调整，里面的内容一目了然，相信你能够试着独立完成。

（二）如何书写与发送邮件

1.创建新邮件

学会了邮件的接收，下面该轮到发送了，当然发送之前得先把邮件写好。下面我们介绍如何在Outlook Express中撰写和发送一个新邮件。

(1)在Outlook Express窗口中单击"新邮件"按钮进入一个新邮件书写窗口。

(2)在"收件人"栏输入收件人的E-mail地址，然后输入邮件的主题及内容。一般来讲，邮件主题要反映邮件的中心内容。

2.邮件发送及过程监视

邮件书写完毕，单击"发送"按钮，应用程序关闭新建邮件窗口，返回 Outlook Express 主界面，开始发送邮件。你可以通过窗口右下角的状态条来了解发送过程。如发送过程出现故障，邮件会自动留在发件箱中，等故障清理之后再自动发送。发送完毕邮件会自动归入"已发送邮件"栏中。

3.邮件的转发

对于任意一封邮件，你都可以根据需要转发给其他人。转发邮件操作如下：

(1) 在邮件列表中单击选择要转发的邮件。

(2) 用鼠标单击"转发"按钮，弹出一个转发邮件窗口，该窗口和"新邮件"窗口极为相似。你只需要填入收件人地址及需增加的内容，与发送新邮件一样单击"发送"按钮就可以了。另外，你也可以用右键单击该邮件，从弹出的快捷菜单中选择"作为附件转发"，使用作为附件转发的功能。其操作和上面的相同。

4.回复作者

对于接收到的一封邮件，你可以通过建立新邮件来回复作者，不过更方便的是，你可以选择要回复的邮件，然后单击"回复作者"按钮，弹出一个回复邮件窗口，这时应用程序会自动为你填写好收件人地址，你只需输入回复内容就可以了。书写完毕发送操作和新邮件一样。一来一往两封信只在几秒钟内即可完成交换，现在你该领略电子邮件的无限魅力了吧。

5. 在邮件中插入图片

节日到了，是否给远方的朋友送一枚贺卡或照片呢？我们完全可以在电子邮件中插入一些图片，作为电子贺卡，使邮件变得妙趣横生。

## 行动： 学会上网，享受高效学习的乐趣

### 活动一： 带翔华看世界——学会www浏览

翔华过去没有自己的电脑，对上网知之甚少。现在，翔华购置了一台新电脑，同学们帮忙安装后，她很想马上就能在网上畅游,但她根本不知道怎样进入网络。试想想并回答下列问题：

1. 翔华该怎样用最短的时间学会上网？

2. 翔华该掌握哪些上网基础知识？

3. 翔华首先应该学会什么？

### 活动二： 如何使用电子邮件？

张文使用电脑仅仅限于文字加工与编辑,仍然不会使用网络与同学老师朋友联系,今天新开了一门课程,老师要求同学网上提交作业和解答问题,试想想：

1. 张文该如何接收老师发来的通知？

2. 张文该如何以E—mail形式提交作业？

3. 张文该如何保留未发送的信息呢？

## 评估： 网络给我们带来了什么好处？

学完了本节内容，现在看看你是否掌握了网络学习的基本方法与手段。下面请你认真思考这样几个问题：

1. 网络学习的益处有哪些?

2. 网络学习使你的学习量加大了吗?

3. 网络学习使你做到了"足不出户能知天下事"吗?

**作业目的:**

检查你是否掌握了主要的网络学习手段和要点,总结这种学习手段与其他学习手段的利弊等。

# 单元综合练习

**活动一：** 帮助李铁摆脱困境

23岁的李铁是一位软件销售员，他必须要完成每个月50万的销售额。为此，他每天必须直接拜访5位客户，打20个销售电话。近来，他越来越觉得工作有点儿力不从心，主要是因为以下的几个原因：一是他觉得在与客户沟通方面还有许多欠缺；二是最近应酬比较多，每周要与朋友约会，聚餐三四次；三是母亲身体不好，需要有人照顾，父亲是刑警，工作十分繁忙，自己又是独生子，所以需要投入更多的精力照顾母亲……。

如何才能帮助李铁摆脱困境呢？

1. 李铁如何才能安排好各项事务，充分利用时间？

2. 他应该如何提高自己的专业能力？可以运用什么方法达到目的？

3. 他可以运用什么策略来保证自己自我学习的有效性？

**活动二：** 制订一份"自我学习能力训练课程的学习计划"

就"如何学习自我学习能力训练课程"拟订一份学习计划，并试着做一个实施方案，其中包括时间安排、学习方法、网络利用等内容，其中要特别考虑如何排除各种干扰，以保证按计划学习。试着坚持执行这个方案一个学期，相信你一定会产生意想不到的效果。

# 第三单元 评估学习效果

## 能力培训测评标准

在反馈和评估学习效果时——

在相关人员的指导下，检查你的学习进度和取得的成果是否达到目标要求。

在检查学习进度和成果时，通过教练、培训教师和职业指导人员等的帮助，能够：

1.对学习计划实行情况，提出自己的看法，例如：

◆已经学到有关科目的知识、技能，包括核心能力、业余兴趣等

◆如何使用不同的学习方式提高学习效果

◆分析影响学习效果的原因

2.按照活动要点，请测评人员检查自己是否做到了要求做到的工作，指出已经得以实现的目标。

3.拿出通过学习取得的成果，例如一篇值得骄傲的文章。

4.提出进一步改进和提高自我学习能力的设想。

（摘自《职业核心能力培训测评标准〈自我学习能力单元〉》初级）

一个人的学习如果没有评估和反馈，那么他的学习就会是盲目的，而盲目的学习，则不能有效地执行自己的计划，也无法实现自己的理想。

上引的《职业核心能力〈自我学习能力〉培训测评标准》中，在第三个活动要素——"反馈与评估学习效果"里，包含了四个基本的能力点：

1.自我评估总结。能自我评估学习的内容，自述自己的学习方法。

2.分析原因现状。能按照行动要点请测评人员检测。

3.运用学习成果。能分析影响学习效果的原因。

4.不断改进学习。能提出进一步改进和提高的设想。

基于上述能力点的要求，本单元的学习分两节，分别训练你对自我学习效果的评估，并在评估的基础上改进学习，提高能力。第一节训练的重点是帮助你认识学习评估的意义与种类，掌握评估的方法；第二节重点训练你分析、把握影响学习效果的因素，探寻影响学习因素的方法，训练如何改进自己的学习。

本单元的训练涉及到许多思维深层的问题，希望你在学习时，还能够阅读一些相关的心理学或思维学方面的书籍。

# 第七节　自我评估 提高效率

## 目标：学会自我评估，提高学习效率

孔子说，"吾日三省吾身"。"省"就是反省、评估自己。孔子每天多次反省自己的道德品行，严格要求自己，终于成为了一代圣人。一个人要使自己进步，需要不断自我评估，发扬成绩，改正缺点。自我学习也是一样，我们要学会自己评估自己，对照目标，看看自己的进步，了解达到目标的途径是否正确，方法是否科学有效。只有不断地进行评估，每天、每周、每月来一次总结，才能不断提高自己的学习效率，才能真正进步。

通过本节的学习和训练，你将能够：

经常进行学习评估，及时调整学习内容和方法。

> 回避错误的人是弱者，正视错误的人是强者，能够从错误中吸取教训、总结经验、反思自我并继续努力的人才称得上是成功的学习者。
>
> ——哈佛大学教授柯比《学习力》

## 任务：自我评估也是学习的利器

考试是检验自己学习成效的好方法，但检验自己的方法不仅仅只有考试。学会自我评估，经常检查自己的学习效果，可以最大限度地提高学习效率。

古人讲，"工若善其事，必先利其器"，和学习的方法一样，评估学习的方法同样是利器。把利器带在自己的身边，对自己的学习是十分有利的。

```
                    评估的作用
                   /          \
                  /            \
  ┌─────────────────────┐   ┌─────────────────────┐
  │  激发学习动力的作用    │   │    反馈和评价作用      │
  │  通过总结看到自己的    │   │  检查是否达到了学习    │
  │ 学习成绩的进步，会得    │   │ 的目标和要求，发现自    │
  │ 到成功感。若学习失败    │   │ 己学习上的长处与不足，  │
  │ 了，则会反思、调整自    │   │ 形成关于学习者自己的    │
  │ 己的学习方法。         │   │ 元认知知识，并为改进后   │
  │                      │   │ 续的学习提供依据。      │
  └─────────────────────┘   └─────────────────────┘
```

图3-1　评估作用图

# 准备：自我评估学习效果的方法

## 一、评估学习效果的种类

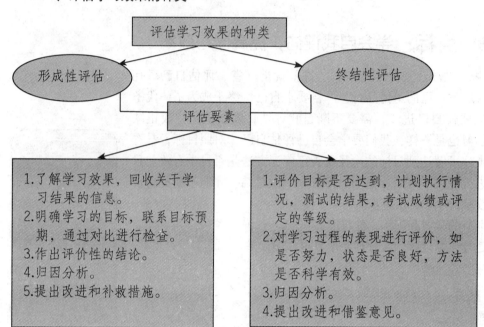

图3-2　学习效果评估

形成性评估也叫进度评估，是对学习过程进行的评估。

终结性评估是在学习活动结束后的评估，是学习者对学习活动进行的反思和评价。

## 二、评估学习效果的程序

自我评估的程序

平时注意收集自己学习活动情况的材料，对这些材料进行统计分析。如每次作业和考试、测验的情况、分数，平时记下来的学习心得。

拟订评估内容的提纲，这是评估是否科学的核心内容。

归因分析

1.学习结果的评价和原因的分析都要全面。学习结果不能光看考试成绩，还要对自己的学习能力、学习态度、思想品德等各方面的素质状况进行评价。

2.要从多方面进行分析，要实事求是。

图3-3 自我评估程序

### 三、评估学习效果的方式

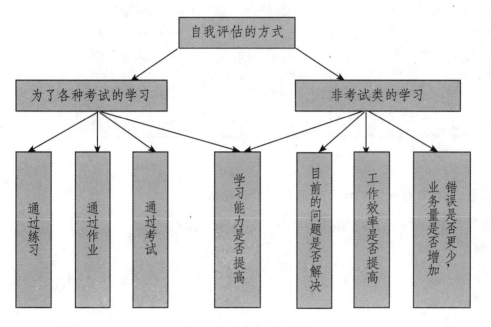

图3-4 自我评估方式

## 行动：反思行为 了解状态

**活动一：** 小汪的困惑

小汪是一家公司的职员，为了提高业务素质，从而提高自己的竞争力，他想学习一些与工作有关的知识，他买了一些书，经过一段时间的学习后，小汪有些疑问：对于这种非考试性的学习，应该怎样评估呢？

**请想想：** 你是否也有这样的疑问呢？

**提示：** 请参照流程图进行梳理

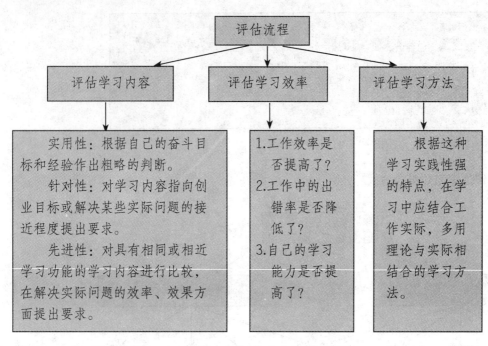

图3-5 评估流程图

**活动二：** 对你最近一周的学习情况做简单的评估

根据本节所提供的方法，对你最近一周的学习内容、学习方法和学习效果进行一次评估。

# 评估：你是否掌握了自我评估的基本方法

学完了本节的内容，现在看看你是否掌握了自我评估学习效果的基本方法。请你认真思考下列几个问题：

1. 你能正确评价自己的学习基础吗？

2. 你能根据自己的学习基础和工作实际确定你现在的学习内容吗？

3. 你已经使用过或者已经掌握了哪些学习方法呢？

4. 你已经使用过或者已经掌握了哪些评估学习效果的方法呢？

5. 你对以前的学习是否有了新的认识，对遇到的问题有了新的解决办法了吗？

**作业目的：**

检查你是否掌握了自我评估学习效果的基本方法，按照上述方法操作后，看对提高自己的学习效果是否有帮助。

# 第八节　分析原因　改进学习

## 目标：找到问题所在　明确改进方向

　　爱因斯坦在研究广义相对论时，连续研究几年却进展不大，成果甚微。仔细查找原因，才发现自己在大学读书时，忽视了对数学的学习和钻研，因此这门学科基础较差，为了研究广义相对论，他只得放下手头的研究工作，重返学校补习数学课程。"书到用时方恨少"，针对工作和学习的需要，我们每个人都可能会发生类似爱因斯坦的"补课"现象。

　　学习过程中，影响学习效果的原因是多方面的，有知识基础的原因，也有自己心理的原因或者身体的原因。有的原因可能单一，有的可能是多种原因交织在一起。因此，对每个人而言，明确问题是关键。

> 要打败敌人，首先要了解敌人。
>
> 知此知彼，方能百战不殆。

　　发现问题和分析内外原因是我们改进学习的第一步，找到影响学习效果的问题所在，进一步明确努力方向，改进和提高自我学习能力，是我们评估学习效果的目的。

　　能不断改进学习，是实现自己人生目标的重要手段。通过本节的学习和训练，你将能够：

　　1.在众多影响学习效果的因素中，找到影响自己学习效果的主要原因。

　　2.提出自己进一步改进和提高自我学习能力的设想，并试着去实现自己的设想。

## 任务：了解内外因素　找到关键原因

　　评估自己的学习效果是为了发扬成绩，纠正错误，以利再战。学习效果不好，一定是有原因的，准确地找到原因，对症下药，才能改进学习，提高自己的学习效果。像爱因斯坦一样，仔细查找根本的原因，明确问题所在，然后改进提高，才有他后来的巨大成就。学会准确归因，是学会学习、自我监控的重要能力。下列两个你在学习中可能遇到的问题，你知道其中的原因吗？

> 记住：
>
> 　　解决问题先从明确问题开始。

1.在学习的过程中，有时感到学习的效果不如从前了，特别是学习达到一定水平以后。

2.在学习的过程中，有时总嫌学习的进度慢，恨不得一口吃个胖子。但学习的进度快了，却往往学了后面的，忘了前面的。

明确问题所在，准确分析问题的原因，是我们进一步改进学习的前提，是取得学习成功的重要基础。

# 准备：如何析因　如何改进

## 一、影响学习效果的主要原因

### （一）基础知识

我们知道，学习要循序渐进，知识积累要环环相扣，过去的学习是今天学习的条件和基础。没有坚实的地基，不可能建起高楼大厦，学习也是一样。知识链条中缺少了某些环节，就会影响到知识体系的融会贯通。因此，在学习中一定要注意"温故而知新"。当发现过去的学习存在问题时，一定要回过头去，解决它弄懂它。同时，你也要记住，今天的学习是明天的基础，不要让你的问题越积越多，给未来留下太多的问号。

> 不积小流，无以成江海；不积跬步，无以致千里。
> ——《劝学》

### （二）学习方法

学习方法对学习效果的影响主要体现在如下几个方面：学习无计划；不会科学利用时间；不求甚解，死记硬背；不能形成知识结构；不会听课；不会阅读；抓不住重点和难点；理论与实际脱离；不善于科学用脑。你是否掌握了正确的学习方法呢？下面就请你自测一下：

---

·资料·　**学习方法自测问卷**

下面是10个问题，你实际上怎么做的、怎么想的，就怎么回答。每个问题有三个可供选择的答案：是、不一定、否。请把相应的答案写在题目后面。

（1）学习除了书本还是书本吗？　　　　　　　　　　　　　　（　　　）

（2）你对书本的观点、内容从来不加怀疑和批评吗？　　　　　（　　　）

（3）除了小说等一些有趣的书外，你对其他理论书根本不看吗？（　　　）

（4）你读书从来不做任何笔记吗？　　　　　　　　　　　　　（　　　）

（5）除了学会运用公式定理，你还知道它们是如何推导的吗？　（　　　）

（6）你认为课堂上的基础知识没啥好学，只有看高深的大部头著作才过瘾吗？　　　　　　　　　　　　　　　　　　　　　　　（　　　）

---

（7）你能够经常使用各种工具书吗？ （　　）

（8）上课或自学你都能聚精会神吗？ （　　）

（9）你能够见缝插针，利用点滴时间学习吗？ （　　）

（10）你常找同学争论学习上的问题吗？ （　　）

答案与说明：第1、2、3、4、6题回答"否"表示正确，其他问题回答"是"表示正确。正确的给10分，错误的不给分。回答"不一定"的题目都给5分。最后计算总分。

总分85分以上，学习方法很好。总分65—80分，学习方法好。总分45—60分，学习方法一般。总分40分以下，学习方法较差。

（三）心理因素

影响学习效果的心理原因很多，大致可归纳为智力原因和非智力原因。智力原因包括观察力、注意力、想象力、思维力、记忆力等方面的原因，非智力原因包括动机、兴趣、情感、意志、性格等方面的原因。分析心理原因时要注意如下几种现象：

**1.学习中的"高原现象"**

学习者在学习进程中，经常会遇到（经历）这样一个阶段，即知识水平达到一定程度时，继续提高的速度减慢，有的人甚至发生停滞不前或倒退的现象。这种停滞现象在心理学中叫"高原现象"。由于不少学习者不了解它的规律，极易急躁、焦虑，结果影响学习水平的进一步提高。

心理学的研究表明，学习者在学习各种新的知识和技能的过程中，一般要经过以下4个阶段：开始阶段；迅速提高阶段；学习高原期；克服高原阶段。初始阶段由基础开始学习，由浅入深，由表及里，由不理解到理解，带着探索的热情，积极的动机，精心钻研，迅速进入提高阶段。初始成绩激发了信心，情绪高涨，但是经过一段时间的迅速提高之后，由于知识难度的增大，基础知识薄弱环节的暴露，或精力的消耗，使思维失去了平衡，成绩出现了停滞，这时候就进入了第三阶段即高原阶段。这时如能认真诊断，找出症结所在，对症下药，就能冲上去，达到另一个阶段，即克服高原现象，取得新的成绩的阶段，否则就会停下来，留在原来的水平。前面的问题中提到的"在学习的过程中，有时感到学习的效果不如从前了，特别是学习达到一定水平以后"，就是"学习中的高原现象"问题。

·案例· 他的琴艺为什么老没长进？

王小波课余学手风琴已经三年了。最近，他常常为自己的琴艺没有什么长进而闷闷不乐。

今天他找到乐队指导李老师，想好好聊一聊。

"老师，我刚学琴的那两年，每周都能学到点儿新的东西，每个月都能感觉到琴艺有明显提高。可现在有了一定的基础，掌握了一些技巧之后，琴艺反倒没有什么提高似的。"

其实在学校管弦乐队里，小波的手风琴是拉得最好的了。平时课外活动，应同学们之请拉些练习曲，或给哪位引吭高歌的同学伴奏一下什么的，他都能应付自如。今年暑假学校艺术团参加全市中学生文艺汇演，他的手风琴独奏《铁道游击队之歌》还获得了三等奖呢。

"其实你遇到的这种现象许多同学也许都曾有过。比如写作文、学英语、解数学题等，达到一定水平之后似乎就很难有什么提高了。"老师似乎见怪不怪。

李老师拿出一张纸，在上面随手画了一条曲线，然后慢慢地说开了，"这条曲线是心理学家为了研究学习过程及其规律，采用统计学的方法绘制出来的。通常以练习的时间或次数作横坐标，以练习所取得的成绩或错误数作纵坐标，这样就可以将每次练习的结果画在一定的点上。把这些点连接起来，就成为'练习曲线'。它既能够反映一个人学习进步快慢的情况，又能揭示学习过程中一些规律性的东西。"

"你看这里！"李老师用笔指着"学习曲线"迅速高升的阶段，"这里是开始的突进阶段。不论是学琴，还是学哪一门功课，初学时往往进步比较大。因为新接触一门知识或技能，学习者总是兴趣浓厚，情绪高涨，注意力也高度集中。另外，初学的东西也比较容易，已有的知识和技能，也能发生一些迁移作用。

"你再看这里！"李老师指着曲线呈现比较平坦的一段。"这里是'高原现象'。在学习过程中，由于学习者生理、心理的疲劳，动机、情绪的改变，学习内容的加深和学习方法的不当等原因，学习成绩达到一定水平后便会停滞不前。它常常发生在由较低层次的学习阶段进入较高层次阶段的过渡时期。比如：新学习一门外语，初学时内容简单，又有新鲜感，学习进度就比较快。学到一定阶段，单词量大了，难度增加了，新鲜感也消失了，此时就容易出现'高原现象'。"

"哦，原来，我走到了学琴的'高原'上，怪不得有'缺氧反应'哩。"小波自己先笑了起来。

"在'高原阶段'出现后，如果学习者不灰心，不气馁，总结经验，继续努力，调整学习方法，又会出现'柳暗花明又一村'的新境界了吧"。小波看着曲线跃进的后一段自己分析道。

"你这小子很聪明嘛。"李老师高兴地摸着小波的头表扬他。

"知道了'学习曲线'所揭示的学习规律，我们就要正确认识和对待'高原现象'。"李老师循循善诱地继续往下说。

"我们要懂得，'高原'后期的跃进，并不是一种必然的结果，柳暗花明的境界固然是以'高原'前期的徘徊、挫折为基础的，但徘徊、挫折并不必然引出豁然开朗的新境界。关键是我们面对'高原'后，要有锲而不舍、百折不挠的精神，勤于思考，善于总结，努力找到产生'高原'的具体原因，然后对症下药，采取措施。"

"李老师，谢谢您，我已经知道自己的毛病在哪里了。"小波告别了指导，轻松地离开了办公室。

几个月以后，小波以他参加比赛的成绩告诉我们，他已经完全走出了学习停滞的高原。

（摘自邱鸿钟主编《雨季心语》）

2. 动机与学习成绩的关系

有一位高中毕业生学习成绩很好，但不是一个十分用功的学生。他进了大学，在新生智能测验上成绩很高，但第一学期的学业平平，在少数的科目上得到优等成绩，大多数科目都在中等以下。到第二年因成绩太差，被学校改为试读生，此后又接受学校劝告，出去做事一年，一年后又回到学校，学业仍不进步，当他到第四年的时候，有人介绍他一种很好的职业，但需要他所没有的知识。他立刻醒悟过来，对于这种知识的功课特别用心，因而成功。

这位青年缺乏的，不是能力，而是动机。

学习动机是直接推动人学习的内部动因。正如本训练手册的第一节所说的，在制定学习目标时，明确动机就是确定目标的前提。学习动机对学习的促进作用表现在三个方面：一是学习动机决定着学习的方向，它使我们明白为什么而学，必须朝什么方向努力。二是学习动机决定着学习态度。研究表明，学习动机水平高的人能在长时间的学习活动中保持认真的态度，以及有一种坚持的毅力和决心，而那些学习动机水平低的人则缺乏学习行为的稳定性和持久性。三是学习动机直接影响着学习成绩，学习动机与学习成绩具有一定的正相关，也就是说，学习动机较高的人，其学习成绩也较好。因此，培养学习动机无疑会促进学习，使学习更趋有效。

·资料·　　　快速测量学习动机的方法

请客观如实地回答下列问题，只需回答"是"或"否"：

1. 学习的课程对我的专业来说有何作用，我不知道。
2. 如何科学、合理地安排学习时间，我从未尝试过。
3. 我觉得今后我的学习成绩也不大可能比现在有明显的进步和提高。
4. 在听课的时候，我经常不由自主地溜号、走神。

5.我根本不知道现在有什么必要刻苦学习。

6.一端起书本，就觉得厌烦和乏味。

7.我的学习经常受到方方面面的干扰。

8.我的同学和伙伴经常在我学习的时候来玩，我当然不好拒绝他们。

9.看电视或者玩游戏的时候我总是高高兴兴，但是一读书学习我就会打盹，学习对我来说是最好的催眠曲。

10.我经常在无法再拖延下去的时候才不得不写作业和做功课。

上述问题，正确的回答都是"否"。如果您有很多题都回答"是"，说明你在学习方面缺乏明确、正确的学习动机。

### 3.兴趣是最好的老师

爱因斯坦有句至理名言："兴趣是最好的老师。"古人亦云："知之者不如好之者，好知者不如乐之者。"兴趣是学习的"原动力"。

兴趣的形成一般要经历有趣—乐趣—志趣三个过程，或者叫情景兴趣、稳定兴趣和志向兴趣三个层次。兴趣不是天生的特质，而是环境的产物，也就是说，人们生来不会有什么兴趣，兴趣完全是后天发展和形成的。

检查评估自己的学习时，可以测查一下你的兴趣处在什么阶段。越处于后面的阶段，兴趣稳定，你的学习效果肯定会越好。

·资料·　　　　　　　**发展兴趣级差表**

原苏联心理学家西·索洛维契克1979年介绍了一个发展兴趣的级差表。这个级差表所采用的等级评定法，可以帮助你了解自己当前学习的兴趣。

-5级：什么也做不成，什么也愿意做。

（当一个人遇到挫折，比如考试成绩不理想，和同学关系紧张或生病的时候，就会有这种情况。）

-4级：什么也学不进去，总是在寻找更有趣的事情。

（这是身体健康但却懒惰的人的情况：他们感觉无所事事，总是在寻找"更有趣的"事情。不过，学习积极主动的人有时也有这种情况。）

-3级：课程学得很吃力。

（最后还是坐下来做功课，但是做不下去，因为还残留着前两级的影响。）

-2级：做功课时，总是被别的东西打断，脑子里经常出现与功课不相干的想法。

（这是那些勉勉强强、毫无兴趣，不是为了自己而是为了爸爸妈妈，为了老师或是害怕得坏分数而学习的学生的普遍状态。）

-1级：需要一定的意志力，才能使自己安心地做功课。

（当一个人要靠意志力才能使自己坐下来学习时，这种学习兴趣还是"负"级的。）

+1级：不需要强迫自己做功课。

（现在到了从-1到+1的极为重要的转折阶段：不需要强迫自己去学习！出现了兴趣！兴趣的动力发生了作用！现在这个动力在推动学习，愉快的时刻开始了。）

+2级：做起功课来专心致志到不觉得时间是怎样过去的。

（兴趣越来越浓厚。因此全部注意力都集中在学习上，看不到周围发生的一切，当然，功课也就会做得更好一些。）

+3级：总想把功课学得更好些。

（功课做得越好，对质量的要求也就越高。真正的、人的劳动就是从这一时刻开始的。谁在生活中、在任何事情上未曾达到过这个+3级，他也就不会享受到劳动本身的快乐。）

+4级：想用更多的时间来学习。

（学习本身，不管效果如何，它开始给人带来愉快，学习变成了一种使人愿意长久下去的享受。）

+5级：产生把功课学得更好的想法。

（出现了改进工作的各种想法，换句话说，也就是开始创造性地劳动，就像艺术家所做的那样。每一个人在自己的工作中都能成为艺术家！创造的机器一旦开动了，人就能够做出他自己也意想不到的事情；人自己开始变化、发展；他的力量增长起来并且得到发挥；对材料的加工，事实上已变成对自己的加工——人在表现自己，把自己的内在潜力显现出来）。

## 二、寻找影响学习效果原因的方法

1.记录学习过程

就是在遇到问题时，就把每天学习的情况按要点记录下来，并将自己遇到的问题尽可能详细地一一列举。

如：我今天原定学习的任务没有完成。由于：

（1）朋友拉着去看一个表演。

（2）晚上回来后，又觉得太累，计划明天再说。

（3）……

2.简单试找原因

根据自己的经验和前面提供的影响学习效果的主要因素，试着分析一下原因。可能的情况下，多听听他人的意见，让他人帮助进行分析。如：

（1）由于朋友拉着去看一个表演，没有完成学习任务，是时间安排的问题。也可能是没有学会拒绝朋友，是交往技巧问题。

（2）晚上回来后，又觉得太累，计划明天再说。是不是意志力问题？

（3）……

### 3.问卷测试查找原因

自己试找原因后，如果不敢肯定，可以通过相关调查测试题，验证自己的分析。

如：自己近几天分析原因时，多次怀疑是不是意志力问题？这需要通过关于意志力或坚持性的调查测试题来确定。

### 4.分析细化原因

若寻找的原因自己认为不够具体的话，可将遇到的问题进一步细化，将原因进一步分解，直至寻找到自己认为可以解决的程度为止。如：

认为"自己学习兴趣有问题"过于宏观的话，可进一步细化如下：

（1）对自己发展有用的事情，自己的兴趣就高；对自己发展没用的事情，自己的兴趣就低。

（2）在同事面前时，兴趣高；自己一个人的时候，兴趣低。

（3）做自己认为对的事情，兴趣高。

……

### 5.用积极的态度寻找解决学习效果问题的方法

如：感觉到学习兴趣低，自己要想办法提高，就是积极的态度；如觉得低就低，没什么了不起的，就是消极的态度。

上述步骤，可根据实际情况调整。

## 三、改进学习的关注点

### 1.明确目标

哈佛大学做过一个非常著名的关于目标对人生影响的跟踪调查，该项调查的对象是一群智力、学历、环境等条件都差不多的年轻人，调查结果发现：

27%的人，没有目标；60%的人，目标模糊；10%的人，有比较清晰的短期目标；3%的人，有十分清晰的长期目标。

25年的跟踪调查发现，他们的生活状况十分有意思。

那3%的人，25年来几乎都不曾更改过自己的人生目标，他们始终朝着同一个方向不懈地努力。25年后，他们几乎都成了社会各界顶尖成功人士，他们中不乏白手创业者、行业领袖、社会精英。

那10%的人，大都生活在社会的中上层。他们的共同特点是，那些短期目标不断地被达到，生活质量稳步上升。他们成为各行各业不

> 意志力测试网址www.hroot.com/hrtools/ta/7.htm或在"百度"上搜索"意志力"来学习了解。

> 错误虽然不可避免，但对待错误的态度往往会决定一个人今后的成功与失败。
>
> ——哈佛大学教授柯比《学习力》）

可缺少的专业人士，如医生、律师、工程师、高级主管等等。

那60%的人，几乎都生活在社会的中下层面。他们能安稳地生活与工作，但都没有什么特别的成绩。

剩下那27%的人，他们几乎都生活在社会的最底层，他们的生活都过得很不如意，常常失业，靠社会救济，并且常常在抱怨他人，抱怨社会。

调查者因此得出结论：目标对人生有巨大的导向性作用。成功在一开始仅仅是一个选择。你选择什么样的目标，就会有什么样的成就，就会有什么样的人生。

---

·小贴士·　　　　　　十种常见的个人失败的原因

1.没有明确的人生目标。这是一般人失败的最主要的原因。

2.虽然有目标，却没有把它写在纸上，也没有制订一个可以达成目标的计划。

3.自我设限，缺乏自信。

4.没有运用潜意识的巨大力量。

5.不能控制情绪。

6.不愿意努力工作。

7.时间管理不当。

8.没有对自己的大脑进行不断的投资——学习。

9.没有百分之百地下定决心，全力以赴。

10.没有选择自己最感兴趣、最能发挥自己特长的工作。

（摘自管斌全《学习成功》〈网上录得〉）

---

2.建立自信

自信是一个人事业成功的关键。你的自信心如何？请你测测自己的自信程度，为自己打分。

---

·资料·　　　　　　自信心测试

1.如果迷了路，问路时你是否犹犹豫豫？

2.一般来说，你认为站着更洒脱吗？

3.你常常希望事物能多样化吗？

4.你是否觉得衣柜不太整洁？

5.假定我们听不到自己的声音,你是否感觉到自己讲话声音低沉、浑厚、适度？

6.你在众人面前紧张胆怯吗？

7.你常紧锁门窗、箱子吗？

8.你喜欢照镜子吗？

9.你愿意和随意挑中的人幽会、结婚吗？

10. 你是否丢三落四?

11. 你能正确对待别人的取笑或批评吗?

12. 如果你三次被留级,你是否对自己的能力产生怀疑?

13. 你是否对领导角色津津乐道?

14. 遇到问题时,你一般都能独立解决吗?

15. 你认为部分授权是必要的也是适宜的吗?

16. 你喜欢将个人问题讲出来同他人共同商讨吗?

17. 你认为父母很喜欢你吗?

18. 你常被不愉快的梦困扰吗?

19. 你觉得别人总是盯着你、讥笑你或议论你吗?

20. 你想把自己的性别换一换吗?

答案:第2、5、11、14、15、17题答案"是"各计1分,答"否"计0分;第1、3、4、6、8、9、10、12、13、16、18、19、20题答"否"各计1分,答"是"计0分。

16～20分:你是一位成熟、冷静、心理平衡而十分自信的人,能练达地处理各种问题,并能在悲伤时节制自己。别人都求教于你,你也心甘情愿、毫无索求地去帮助别人。

6～15分:你是一位正常的人,在多数情况下有信心,但在某种情况下却又胆怯。生活对你来说不成问题,分析哪些题的答案与理想的答案不同,这也许对消除笼罩你自信心的阴影有益。

1～5分:显然你是一位聪明而又好奇的人。比如你能毫不费力地回答问题,但你缺乏自信。你不妨外出一次,看看别人都是如何处世的。

> 无论何时何地,你做任何事情,有了自信,你就有了一种必胜的信念,而且能使你很快就摆脱失败的阴影。

### 3.学会坚持

坚持就是意志力,它是指人确信行动的正确性而不懈努力、坚持到底的意志品质。一个人要取得胜利就要坚持不懈地努力,有的甚至要饱尝许多次的失败之后才能成功。《龟兔赛跑》的故事中,兔子腿长跑起来比乌龟快得多,照理说,应该是兔子赢得比赛,然而结果却恰恰相反,乌龟赢了这场比赛。这正是因为兔子自恃自己腿长,跑得快,跑了一会儿就在路边睡大觉,似乎是稳操胜券,然而乌龟则不同,他没有因为自己的腿短爬得慢而气馁,反而,却锲而不舍坚持爬到底,最终赢得了比赛。因此,在学习中,一定要学会坚持,只有坚持才能取得成功,坚持就是胜利。

> 荀子说:"骐骥一跃,不能十步,驽马十驾,功在不舍。"

# 行动：查找原因 尝试改进

### 活动一：查找知识原因

小赵对《平面几何》情有独钟，很多难题到他手里就会迎刃而解。可今天，他遇到了一个求证两角相等的难题，将可能用到的辅助线都试了，就是解不开。如何查找原因？

提示：

1.列出今天学习遇到的问题。过去经常使用的辅助线今天不灵了。靠对角、三角形内角、同位角等学过的知识解决不了现在的问题，辅助线也帮不上忙。

2.原因分析。是不是有其他的知识自己没有学或学得不扎实呢？是不是自己的思路还不够开阔呢？

3.请教他人。"一个圆上同一弧度所对的圆周角也相等"，"为什么不试试辅助圆呢？"

4.再分析。"一个圆上同一弧度所对的圆周角相等"学过，但辅助圆没学过。自己做不出的原因是只想到了角与角的关系，没有想到角与弧度的关系，确实是思路还不够开阔。

5.解决问题。学习辅助圆知识，锻炼反向思维能力。

### 活动二：查找心理原因

小李在学习的过程中，有时总嫌学习的进度慢，恨不得一口吃个胖子。但学习的进度快了，却往往学了后面的，忘了前面的，为什么？

想一想：

1.小李遇到的问题是什么？

2.这个问题与哪些原因有关？

3.关于这些原因的知识自己清楚吗？

提示：

1.他进度安排是否合适？

2."忘了"肯定是心理学上的遗忘问题，他可能是某些记忆规律没掌握好？

### 活动三：查找方法原因

小周在英语学习的过程中，发现自己的学习效果近来明显下降，向他人求教，说是方法问题。如果请你帮助小周分析一下原因，你准备从哪些方面入手？

提示：

1.对照本节提供的学习方法简易自测题，判断小周是否可能存在方法问题。

2.如存在方法问题，对照本节提供的影响学习效果的学习方法原因的表现，看看小周存在哪方面的问题。

3.从下列几方面，对问题进行进一步深入思考：

（1）这个问题还可以从哪些方面来分析？

（2）小周解决这个问题的实力和对策如何？

（3）这个问题开始于何时？

（4）这个问题什么时候可以解决？

（5）解决这个问题对小周来说是否很重要？

（6）这个问题解决起来难度大吗？

## 活动四：明确学习动机训练

小吴通过测量，结论是学习上缺乏明确的学习动机。她该如何进一步明确学习动机呢？

提示：

1.写出自己所学的课程在社会上有哪些需要，可以多用一些时间，把自己能够想到的全部都记录下来。

2.如果你现在已经明确地选择了自己的主攻方向，那么请列出你正在学习的课程对于你的主攻方向有哪些影响和作用。

3.写出你为什么要学习某课程，它对你来说在哪些方面是有益的。

4.实事求是地写出自己为什么要进行学习。

5.把上述答案放在自己的书桌上或其他可以随时看到的地方，并常常阅读。

6.在进行上述操练一个月后，将自己的体会和收获向他人求教，虚心听取他们的意见和建议。

## 活动五：明确目标训练

小王正在自学一门课程，确定好了学习计划，但总感到心中没数。对照前面介绍的坚持目标取得成功的几项要素，小王该怎样做？

提示：

1.想一想，尽可能列出学习这门课的目标。

2.将这些目标排序，再决定出哪个是对自己最重要的目标。

3.仔细思考下列问题：

（1）自己列出的这些最重要的和最不重要的目标之间有什么区别？

（2）自己的目标大部分是短期的还是长期的？

（3）目标还能够再详细一些吗？

（4）不同的目标对于自己学好这门课可能有什么样的影响？

4.将自己的学习计划与他人的学习计划相比较，找出相同点和不同点，并分析他人与自己计划不同的原因。

5.重新修订自己的学习计划。

### 活动六：运用"成功事例训练法"训练自信

运用前面"准备"阶段里我们介绍的"自信心测评表"测评你的自信程度。在对自己的自信程度有了一个基本的了解后，按照下面"成功事例总结法"训练自己的自信心：

1.描述自己工作上或生活上一件成功的事。

2.为什么这件事你会成功？

3.在什么时候？在什么地方？有谁参加？你克服了什么困难？

以上问题解答后，选几处你最肯定的地方，问自己还想再做一次吗？如果现在做，你能比上次更好吗？简短地写出你下次将要追求的成功是什么。

### 活动七：增强意志力训练

小郑最近感到学习效果不明显，遇到难题，一看不会就心烦，学习进度也明显慢了下来，总是今天拖明天，明天拖后天。经意志力测试，结果是"意志较薄弱"。他该怎样去做呢？

提示：

1.就从明日起，每天早晨睁眼后，第一个行动就是掀开被子，果断地穿衣起床。如果你想赖床，就立刻告诫自己三句话："我失败了，我就要失败了，我快要失败了！"不断重复，直到非常紧张地跳下床。然后就按自己的一日安排，自信地开始行动。就这样做，坚持下去！

2.时刻强调自己"行动着"。现在就写出新的工作目标，多想想达到目标所能带来的成功乐趣。可以这样来想：如果实现这个目标，就能带来一定的社会效益和经济效益、受到人们的重视和尊敬、家庭更美满幸福……等等。这样会改变你的看法，行动力也就被激励出来了。

3.不要光想不做，要主动进攻。现在就订出创新学习或行动计划、目标，列出一些要出去办的事，现在就把事情做起来，现在就出去"碰壁"。

4.要选一个爱好，如长跑、书法、二胡演奏、歌唱等，订出练习计划和一定时间内应达到的水平，坚持下去。通过坚持爱好，来锻炼

> 一个创新成功者说："我根本没有时间去沮丧和烦恼。为了成功，输了，我就快追；赢了，我就快跑。不论赢了还是输了，我不是追就是跑，哪里还有时间去沮丧和烦恼呢？"

自己的毅力和勤奋的品质。

　　爱好及行动措施：＿＿＿＿＿＿＿＿＿＿＿＿＿＿＿＿＿＿＿

＿＿＿＿＿＿＿＿＿＿＿＿＿＿＿＿＿＿＿＿＿＿＿＿＿＿＿＿＿。

　　5.运用第三节学到的时间管理办法，时刻问自己：我现在的时间管理表现如何？我是正在走向成功，还是正在走向失败？

　　我现在的时间管理表现：＿＿＿＿＿＿＿＿＿＿＿＿＿＿＿＿

＿＿＿＿＿＿＿＿＿＿＿＿＿＿＿＿＿＿＿＿＿＿＿＿＿＿＿＿＿。

## 评估：是否掌握了分析原因的方法和改进的方向？

　　学完了本节内容，现在看看你是否掌握了分析原因的要点和努力的方向？请认真思考并动手做一做：

　　1.你认为影响学习效率的心理原因还有哪些？找几本关于学习心理的书来看。

　　2.本书的"掌握方法　学会学习"一节，对你分析原因有什么帮助？

　　3.你在今天所学的内容过程中，发现了什么问题？是教材内容的问题，还是自身的理解问题？

　　4.用本节学习的方法，尽可能多地、详细地列出你最近学习中面临的问题，按自己的理解标出解决它们的顺序，作出改进的计划。

　　5.尽可能多地列出你计划提高自身学习能力的各种途径。

**作业目的：**

　　能够分析影响自己学习效果的主要因素和明确改进的方向和办法。

# 单元综合练习

**活动一：** 帮小冯分析学习没有明显提高的原因

小冯是班上学习成绩很好的同学之一，可是最近他的学习成绩一直不理想。这个过去常在课堂上受老师表扬的好学生，现在很难受到表扬，甚至还被老师点名批评过。小冯很苦恼，他平时也很用功，就是觉得学习没有明显的提高。如果请你帮助小冯分析一下原因，你将怎样做？

**提示：**

学习用功而成绩没有明显提高的原因可能是多方面的，你可以运用本手册中介绍的多种方法，从多方面去帮助他找原因，然后对症下药，提出克服的办法。

请把分析原因的几个方面列下来交给小冯。

**活动二：** 自我分析

针对你自己一直努力学习却始终学不好的课程，分析原因，并提出改进措施。

初

# 第四单元 明确目标途径

## 能力培训测评标准

在制订学习目标和计划过程中——

通过相关人员的支持，确定短期内你要实现的目标，以及实现目标的计划。

在确定学习目标时，通过教练、培训教师和职业指导等人员的帮助，能够：

1. 明确提出短期内可实现的多个目标，包括：

◆你在学习、个人生活和工作中曾经想要实现的目标

◆会影响你取得成功的各种因素，例如：时间，费用，安全卫生环境以及其他条件

◆根据经验，确定实现目标的时间

2. 明确列出实现每一个目标的行动要点（例如你要完成的任务，你要求助的相关人员）。

3. 为每一个行动要点规定期限，以便很好地利用时间。

4. 根据你在教学、教练和技术指导上的需要，得到相应的支持。

（摘自《职业核心能力培训测评标准〈自我学习能力单元〉》中级）

哈佛大学课程改革指导委员会主席柯比教授在哈佛大学对学习能力问题的最终解决方案的著作《学习力》中说："目标和计划是通向快乐与成功的魔法钥匙。"就是说，有了目标，学习就有明确的方向；有了计划，学习就有了具体措施。

从现在开始，我们已经进入到"自我学习能力训练"中级阶段了。

国家《职业核心能力培训测评标准〈自我学习能力单元〉》中，第一个活动要素阶段——"制订学习目标和计划"，包含了三个基本

能力点：

1.明确目标途径。能提出短期内可实现的多个目标，了解影响其成功的各种因素。

2.计划运筹时间。能根据经验确定实现的时间，明确列出实现每一个目标的行动要点。

3.获取支持指导。能根据需要寻求学习上的支持。

本单元通过两节的内容，重点训练自学目标的确定，以及目标实现中如何更有效地排除干扰、充分利用时间能力。第一节重在训练自学目标确定的原则、自学计划制订的程序与要求以及获取支持指导；第二节重在训练时间运筹的基本策略，其中包括任务优先权的确定、规划的制订、干扰因素的排除，以及做时间日志的基本规范。第三个能力点放在第一节中训练。

中

# 第九节 确定目标 明确计划

## 目标：明确自学的目标与计划

> 放暑假了，紧张了一学期的同学们都准备好好放松一下自己，然而，叶秋却不这样想。叶秋是一名出生在农村的学生。他聪明好学，从小学到初中，学习成绩一直都很优秀，凭着优异的成绩，他考入了城里一所不错的高中。然而，由于农村教学条件的限制，他的英语成绩一直不好，尤其是到城里上学后，更感到自己的英语学起来非常吃力。于是，叶秋下决心要把自己的英语成绩赶上来。"现在放了暑假，正是可利用的大好时机"，叶秋想，"可我该从哪里入手呢？"

你是否也曾遇到过类似的情况？假如遇到类似的情况，你该怎么办呢？

叶秋现在面临的问题就是一个"自学"的问题。自学，不同于有教师指导的学习，它要靠学习者自主安排自己的学习。自主学习，离开了教师的指导，怎样才能获得满意的自学效果呢？这就是"叶秋们"所遇到的问题。要想获得满意的自学效果，你首先应当制订一个可行的自学计划；而在制订计划时，你必须明确以下问题：

——我的学习目标是什么？

——我要学习哪些内容？

——我如何分配学习时间？

——我应当采取哪些学习方法和措施？

通过本节的学习和训练，你将能够：

1. 根据实际需要确定自学目标。

2. 根据自学目标制订自学计划。

两个关键要点：

1. 确定你的自学目标。

2. 明确你的自学计划。

## 任务：掌握明确目标与计划的原则方法

目标是行动的航标，行动如果没有目标，就如同航海时没有灯塔，很容易迷失方向；没有目标的行动是随意散步，有明确目标的行动则是运动会上赛跑。可见，确定明确的行动目标是行动获得成功的重要前提，没有明确的学习目标，就不会有好的学习效果。

所谓学习目标，是指"学习中学习者预期达到的学习结果和标准"。有了明确的学习目标，你就会精力集中，始终处于一种主动进取的竞技状态，充分发挥主观能动作用，精神饱满地投入到学习中去。实践证明，学习目标具有导向、启动、激励、凝聚、调控、制约等心理作用。目标越鲜明、越具体，越有益于成功。正如高尔基所说："一个人追求的目标越高，他的才能就发展得越快，对社会就越有益。"

有了明确的学习目标，还应有可行的学习计划，这样才能有助于学习目标的顺利实现，因为可行的学习计划是实现学习目标的重要保证。自学尤其如此，要明确自学的目标与计划，有两点必须注意：一是了解确定目标的原则，二是掌握制订计划的方法。这是明确目标与计划的关键。包括如下 4 个要点：

- 明确确定自学目标的依据
- 了解确定自学目标的原则
- 掌握制订自学计划的方法
- 清楚制订自学计划的要求

> 在学习中有一个清晰的目标，并为实现这个目标而学习的时候，学习就不再是讨厌的、与自己人生无关的负担。
>
> ——哈佛大学教授柯比《学习力》

明确确定目标的原则、掌握制订计划的方法是明确目标与计划的关键。

# 准备：怎样明确自学的目标与计划

## 一、确定自学目标

确定自学目标，应当着重考虑如下几个问题：

### 1. 明确确定自学目标的依据

自学是一种自主学习行为，它不同于教师指导下的学校学习。学校学习是按照学校统一的教学计划进行的，其学习目标根据学校的培养目标而确定，是既定的，而学习活动又有教师的指导，因而学生在一定程度上显得有些被动。自学则完全是学习者的自主学习，其学习目标要由自己来确定。那么我们要根据什么来确定自己的自学目标呢？那就是"需要"，就是工作或生活的实际需要。如叶秋要利用假期提高英语学习成绩，自学英语，就要根据他英语成绩差的实际情况来确定。

确定自学目标要以满足实际需要为依据。

### 2. 掌握确定自学目标的原则

自学目标的确定，要考虑较多的因素并遵循一定的原则。如图4-1所示。

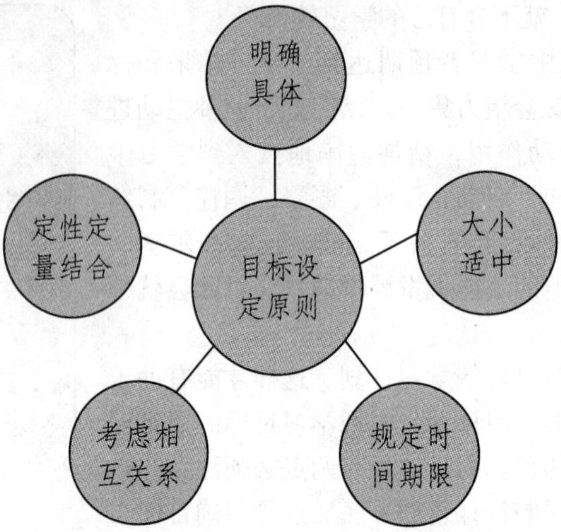

图4-1　自学目标的设定应当遵循的原则

（1）明确具体。目标要做到明确具体，就要将目标细化，将总目标层层分解成多级分目标。通过层层分解，就可以得到具体明确的自学目标。

（2）定性定量结合。通过量化，可以使目标更加具体；通过定性，可以使目标更加明确。

（3）大小适中。自学目标必须是可以实现的，目标的确定必须切合实际，既不可谨小慎微，缩手缩脚；又不可贪大求全，不着边际。因此，自学目标的确定一定要综合考虑各方面的因素，既要考虑主观因素，分析自身的条件；又要考虑客观因素，分析实际情况，这样才能确定出大小适中的自学目标。

（4）考虑相互关系。确定自学目标时应当充分考虑该目标与其他相关目标的相互关系，不可顾此失彼。因为，在一定时期内，要实现的自学目标可能不止一个，而这些目标之间往往又存在某种联系。因此，在确定一个自学目标时，还应当考虑它与其他相关目标的联系。

（5）规定时间期限。目标的确定必须要有明确的时间观念。合理分配时间，科学利用时间，规定明确的时间限制。

**例：** 叶秋怎样确定自己的自学目标？

"从哪里入手呢？"叶秋想，"我应该首先确定自己具体的学习目标"。因为英语知识要学的有许多，哪些该学，哪些可不学？哪些必须先学，哪些可以以后再学？这些都是他必须首先解决的问题。那么叶秋到底应该怎么做呢？

对一艘没有航向的船来说，任何方向的风都是多余的；对于没有目标的人而言，任何行动都是多余的。

生命的悲剧不在于目标没有达成，而在于没有目标可以达成！

叶秋应该做的就是首先按照目标确定的基本原则确定自己的自学目标。如图4-2所示：

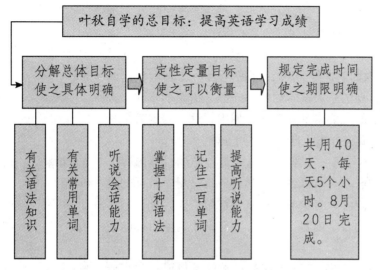

图4—2 叶秋确定的自学目标

这个例子表明，确定自学目标有两个要点：一是要以实际需要为依据；二是要掌握目标确定的基本原则。

## 二、明确自学计划

学习的计划性是人的主体性、意识性的体现。构建高楼大厦要有蓝图，学习计划便是实现学习目标的蓝图。具体讲，学习计划对于学习主要有以下四方面的作用：

- 把学习任务分解量化，使每周、每日、每时都有压力、有动力，使学习目标更加明确具体。明确具体的目标可以调动起学习者的潜能和积极性，使之保持旺盛的学习精力，从而保证学习目标的顺利实现。
- 学习计划的制订是学习者的一种自主行为，长期坚持形成习惯，就能培养一种很强的自我管理能力，使学习者成为一个主动的、自律的人，从而使学习由被动变为主动。
- 学习计划的制订要考虑方方面面的相互关系，有利于学习者的全面协调发展，有利于养成良好的学习习惯，使学习自然而然地成为生活的必要组成部分，成为乐趣。
- 有利于科学地分配时间和投入精力，提高学习效率和学习质量。

学习计划如此重要，那么，怎样才能制订出一份好的自学计划呢？制订自学计划应当把握两点：

一是要掌握制订计划的基本方法。

二是要了解制订计划的基本要求。

（一）制订自学计划的基本方法

自学计划的制订主要应考虑三方面的问题：一是计划的基本内容；二是计划的基本形式；三是计划制订的基本程序。

1. 自学计划的基本内容

一份计划，应当明确回答三个问题，即做什么？怎么做？何时做？这就相应地形成了计划的三大基本内容：任务、措施、步骤。人们把这三大内容称为计划的三要素。在自学计划中，这三要素就是：自学的具体任务、自学的措施方法、自学的时间安排。

（1）确定自学的具体任务：自学任务也就是自学的具体内容，它与自学目标有着密切的联系。可以说，自学任务就是自学目标的具体化。离开了具体的自学内容，自学的目标就会被架空。因此，制订自学计划，必须确定具体的自学内容。这样，才有助于自学目标的顺利实现。

> **自学任务**：自学目标的具体化。

（2）选择自学的措施方法：措施方法是自学任务得以顺利完成的重要保证。因此，制订自学计划，必须要有可行的措施方法，只有任务没有方法，任务也就成了一句空话，因而自学目标也就难以实现。

> **措施方法**：自学任务顺利完成的重要保证。

（3）安排自学的时间步骤：任何学习活动都要在一定的时间内开展，因此，制订自学计划，必须充分考虑时间因素，要科学地利用时间，合理地分配时间。这样，你的学习活动才能够有条不紊地开展。因此，时间的科学利用和合理分配，是自学任务得以顺利完成的重要因素。

> **时间安排**：能使自学活动有条不紊地开展。

2. 自学计划的基本形式

由于自学任务的多少和自学时间的长短不同，自学活动也有大有小。与此相应，自学计划也就有大小之分。大的如整个学习阶段或整年的自学计划，如徐特立制订的"十年读书计划"；小的如一天的自学安排、一篇文章的阅读、一道数学题的解答等。当然，还有一些介于二者之间的中型自学计划。因而，自学计划也就有了不同的形式。综合研究者们（参见钟祖荣《学习指导的理论与实践》教育科学出版社2001.5）的观点，主要有如下三种：

（1）文本式：即把自学计划写成文章的形式。其内容包括：自学计划的名称（即文章的标题）、制订计划的指导思想及总体目标、具体的自学任务与内容、时间的安排、自学的措施方法、自学具备的条件以及计划的检查与落实措施等等。制订这种计划，需要考虑较多的因素，因而也需要较长的时间。这是一种比较全面的计划，具有一定的指导性。这种形式的计划比较适合于大的自学活动，比如年度或

> **文本式计划**：内容比较全面，具有一定的指导性；适合于较大的自学活动。

学期甚至更长时间的计划。

（2）条款式：即按照自学的具体任务，一条一条地罗列出来。这种计划以自学的任务为纲分条开列，每一条里都包括学习任务的量，完成的时间，注意事项等。这种计划形式简单明了，适用范围广，比较适合于中型的自学计划。

（3）表格式：即以表格的形式规定自学的任务和内容。一般把一天的时间分成若干段，比如早晨、上午、中午、下午、晚上，或者从几点到几点，然后规定每个时间单位的学习任务和内容。这种形式适合于时间、内容都比较稳定的情况。它形式简单，一目了然，有助于形成良好的学习习惯。学校的课表就属这种形式。

以上三种形式的计划都是形成文字的计划，事实上，在具体学习活动中，有些计划往往只在头脑中想想，并不形成文字，这种计划可称为"脑中决策式"，即在头脑中制订学习计划。这种形式的计划比较适合于时间短暂而又非常具体的学习活动。

3. 制订自学计划的基本步骤

自学计划由于有大有小，所以制订的步骤也就不太一样，一般制订大计划的步骤较复杂一些，而制订小计划的步骤较简单一些。

（1）制订较大计划的一般步骤是：

第一步：情况分析，包括你的理想与目标，你的长处与不足，对自己有利的条件和不利的条件等。这些情况是你制订学习计划的前提条件。

第二步：确定学习任务与内容，并进行时间安排，使两方面的情况相平衡，即任务量不能超出时间的可能性。

第三步：制订完成学习任务的条件、策略、方法和具体措施。

（2）制订较具体计划的一般步骤是：

第一步：分析学习任务与学习材料，包括数量多少、难度大小、材料性质等；

第二步：分析自身条件，包括你的学习特点、学习风格，是否具备与学习材料相关的旧有知识或经验等；

第三步：制定相应的学习策略，包括时间安排（总共花多少时间）；效率预期（单位时间内学习多少，比如每小时阅读多少页）；结果预期（达到怎样的目标或者结果，比如背诵下来等）；程序设定（学习程序和方式的确定）；资源管理（辅助手段和工具的选择，可以寻求的帮助和指导）等。

（二）制订自学计划的基本要求

1. 符合自身的实际情况

人与人之间有着各种各样的差别，就学习而言，每个人的具体情况也是各不相同的。制订适合自己的学习计划，首先要充分考虑自

99

身的具体情况，如分析自己的优点和弱点，明确自己的长处和短处等等。

2. 目标任务的确定要从实际出发，切实可行

学习的难易度要适中，学习的任务量也要适中，不能过难过重，也不能过易过轻。目标任务定得过高，不但完不成，久而久之还会挫伤学习的积极性，因而，制订计划时一定要留有余地；相反，计划订得过低，不但起不到激励作用，反而会拉自己的后腿。

3. 学习内容的确定要具体，尽可能量化

定量的学习任务可以产生压力，起到督促的作用，从而提高学习效率。任务如何定量化，则要根据自己的学习经验和学习能力来决定，如每天记几个英语单词、背几首古诗、熟记几个数学公式等。

4. 学习任务的安排，既要考虑全面周到，又要保证重点

学习的目的是使自己得到全面发展，因此在安排任务时，相关的活动如集体活动、文体活动、休息等都要考虑进去；各种不同的学习内容也要均衡考虑。但由于我们可用的时间是有限的，精力也是有限的，什么都平均用力，结果就会什么都学不好。因此，制订计划时还要突出学习的重点。

5. 时间的安排要科学合理

时间安排是制订学习计划的一个重要内容。时间安排得科学合理，就可以充分利用可用的时间，在同样的时间内学更多的东西。

> 充分利用时间＝延长生命
>
> 胡乱浪费时间＝慢性自杀

在安排时间时，既要考虑到学习，也要考虑到休息；既要考虑到集中学习，也要考虑到分散学习。除此之外，还要考虑到不同学习内容的时间搭配；自己各时间段学习能力的搭配等等。要想将自己的时间安排得合理，并不是件很容易的事情。大体讲：学习的内容要交叉安排，使大脑的不同部位交替兴奋，以防产生学习疲劳；在效率比较高的时间段里安排比较困难、复杂的学习任务，在效率比较低的时间段里安排比较简单的、活动性的学习任务等等。

6. 长计划与短安排相结合

学习计划有长有短，长计划可以给你规定长远的学习目标，使每一天的学习安排有依据；而短安排可以使长计划具体化并得到落实。两种计划各有侧重、各有作用，只有把两者结合起来，才能达到理想的学习效果。在制订自学计划时，你应当将长期目标分解到短期目标内，通过自己的努力，一步步实现自己的短期目标，并通过短期目标的积累，进而实现长期目标。

7. 寻求支持、请人指导

制订自学计划虽然是自己的事，但要想使计划切实可行，往往还需要寻求他人的帮助和指导。因为个人的视野往往会受到这样那样的局限，因此会考虑不周全。如果在制订自学计划时能够得到有经验者

的指导和帮助，将会大有裨益。

8. 注重行动

计划是行动的向导，学习计划制订之后，就要付诸行动，就要坚决地执行，否则计划就失去了意义。行动是完成计划、达成目标、获得成功的保证。执行学习计划首先应该形成一种习惯，形成习惯的关键是开好头，保证第一天第一次的成功；其次是持之以恒，不可半途而废。要尽可能排除各种干扰，始终坚持。当然，计划是事先制订的，本身可能不周到，再加上实际情况往往会有变化，所以，"坚决执行"并不是"绝对不变"，如果情况发生了重大变化，就要根据实际对计划作出相应的调整，以保证学习的效果。

> 目标＋计划＋行动
> ＝成功

**例：** 叶秋怎样制订自学计划？

他首先确定自学目标：掌握有关语法知识；熟记常用单词；了解对译技巧。为了顺利实现这些目标，叶秋制订了暑期英语自学计划：

---

### 暑期英语自学计划

为了弥补自己英语学习的不足，根据自己的具体情况，制订暑期英语学习计划如下：

一、分析优劣

（一）英语学习上的弱点

（二）英语学习上的长处

二、确定目标

切实掌握10种常用语法规范，熟记200个单词，努力提高听说会话能力。通过40天的强化学习，加上下学期的努力，争取使自己的英语成绩由原来的90分提高到105分，名次由原来的班级30名提高到班级20名。

三、明确任务

（一）熟练掌握10种常用语法的使用规范，平均每4天一种。具体是：1.…；2.…；3.…；4.…；5.…；6.…；7.…；8.…；9.…；10.…。

（二）熟记200个单词，平均每天5个。这些单词从下学期的英语课本中选取，根据具体情况，每篇课文选择10到15个单词。

（三）听读、跟读20篇课文，平均每两天1篇。这些课文从上学期及下学期的英语课本中选取。

四、安排时间

从7月11日到8月20日共40天时间，到8月20日完成全部学习任务。具体时间安排如下：

早晨6：30— 7：30：读、记单词

上午8：30—10：30：听读、跟读课文

下午3：30— 5：30：学习语法知识

---

五、采取措施

（一）根据学习内容和自己的特点采用相应的学习方法。记单词采用诵读记忆与书写记忆相结合的方法，边读边写边记；语法学习采用例句分析与规则记忆相结合的方法，通过例句分析熟练掌握相关语法规范；听说会话采取听读、跟读同步录音带的方法，边听边读。

（二）坚决执行计划。如果没有非常特殊的原因，必须完成每天的学习任务。为保证计划的落实，此计划一式两份，交父母一份，请父母严格监督。

（三）合理安排作息，充分休息，加强体育锻炼，保证有充足的精力投入学习。

年　月　日

# 行动：我如何明确自学的目标计划

**活动一：**叶薇如何制订自己的自学计划

叶薇中专毕业后在一家酒店当服务员。酒店对她们12名新来的员工进行上岗培训，并规定培训结束后一个月进行考试。不甘落后的叶薇为了切实掌握培训内容，提高业务能力，打算利用业余时间自学相关知识。于是，她决定制订一个业余自学计划。那么叶薇应该怎么做呢？

**请想想：**

1.叶薇的自学目标是什么？

2.叶薇确定自学目标的依据是什么？

3.叶薇如何制订自己的自学计划？

**提示：**

一、分析优劣：（一）学习上的优点
　　　　　　　（二）学习上的缺点

二、明确目标：（一）考试预期名次
　　　　　　　（二）应学到的知识
　　　　　　　（三）应掌握的技能

三、确定任务：（一）学习内容一
　　　　　　　（二）学习内容二
　　　　　　　（三）学习内容…

四、安排时间：（一）早晨
　　　　　　　（二）晚上

（三）周末

五、规定措施：（一）措施一

（二）措施二

（三）措施…

### 活动二：夏荷怎样确定自己的学习目标

夏荷是一个酷爱文学的女孩，尤其喜欢中国古典诗词。上中学时由于学习紧张，很少有时间去读文学作品。现在放暑假，有不少空闲时间。于是夏荷想利用这几个月的时间好好读一读中国古典诗词，以便进一步提高自己的人文素养。那么夏荷应当怎样确定自己的学习目标呢？

**请想想：**

1.夏荷的自学目标是根据什么实际需要确定的？

2.夏荷应当怎样确定出明确具体的自学目标？

**提示：**

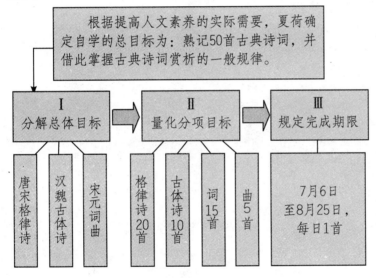

根据提高人文素养的实际需要，夏荷确定自学的总目标为：熟记50首古典诗词，并借此掌握古典诗词赏析的一般规律。

Ⅰ 分解总体目标 ⇒ Ⅱ 量化分项目标 ⇒ Ⅲ 规定完成期限

唐宋格律诗 | 汉魏古体诗 | 宋元词曲

格律诗20首 | 古体诗10首 | 词15首 | 曲5首

7月6日至8月25日，每日1首

图4-3 夏荷所确定的具体的自学目标

## 评估：你是否掌握了明确学习目标计划的要点

学完了本节内容，现在请你通过下面的练习检查一下自己，看你是否掌握了明确学习目标计划的要点：

问题：请根据你自己的实际情况，制订一学期的课外自学计划，请你考虑如下问题：

1.你的自学目标是什么？希望达到什么样的自学效果？

2.为了实现学习目标，你要学习哪些具体内容？

3.怎样合理利用你的课余时间？

4.你打算采取哪些措施、方法来完成自学任务，实现自学目标？

**作业目的：**

掌握明确自学目标与计划的要点，能够就一次自学活动，确定明确的学习目标，并根据学习目标制订可行的学习计划。

# 第十节　运筹时间　获取支持

## 目标：掌握学习时间管理的关键

有人说：时间管理就是在正确的时间里做正确的事。所谓正确的事，就是按照事情的重要性和紧迫性确定自己在一个时间段内做事的顺序。在自我学习中，所谓正确的时间则是根据你学习任务的轻重缓急的处理顺序，合理地安排学习的时间。

通过本节的学习和训练，你将能够：

1. 根据学习任务的重要性和紧迫性，按先后顺序列出任务清单。

2. 根据学习任务清单作出合理的学习时间安排。

> 记住：
>
> 分清学习任务的轻重缓急是时间管理的关键。

## 任务：如何从忙碌中解脱自己

许多人都抱怨自己的时间不够用，抱怨自己每天都有做不完的事。你是否也有这样的感觉呢？请你先通过如下几个问题来做一次自我检查：

● 你是否想在同一段时间内完成几件事情，但却总是完不成？

● 你是否因顾虑其他的杂事而无法集中精力做目前该做的事，学习你认为该学的内容？

● 如果你的学习计划被突发事件打断，你是否觉得可原谅而不必找时间弥补？

● 你是否常常一天下来总觉得很累，却又好像没做什么事？

如果你的回答都是"是"，那么你一定是一个每天陷入忙乱中的"大忙人"，你急需从忙碌中解脱自己了。如果是这样，那就认真对待本节的学习和训练吧。

> 两个关键点：
>
> 1. 明确你该做什么。
>
> 2. 确定在什么时间做。

## 准备：运筹时间五要诀

**一、确定任务的优先权**

确定任务优先权的两个步骤：

1. 列出任务清单

把自己要做的每一件事情写下来，列成一个清单，你必须知道你要做的事有哪些。

2. 确定任务的次序

要设定优先顺序，将事情按紧急、不紧急以及重要、不重要分为四大类，一般人每天习惯于应付很多紧急且重要的事，接下来会去做一些看来紧急其实不太重要的事，结果却不知道自己整天在忙什么。其实最重要的是要去做重要但是看起来不紧急的事，例如读书、进修等，若你不优先去做，则你人生远大的目标将不易达成。

正像帕累托的80/20定律阐明的那样，在我们的日常工作中，往往是80%的结果取决于20%的原因，80%的收获来源于20%的付出。这20%就是我们每天必须要确定为具有优先权的事情。美国前总统艾森豪威尔就很注重80/20法则的有效运用，他认为，重要的事情不一定迫切，迫切的事情不一定重要，只有既重要又迫切的事情才是要解决的主要矛盾所在。

> 在努力和收获之间，80%的收获来自20%的努力，其他80%的力气只带来20%的结果。

## 二、学会做时间规划

时间规划是按照前述的任务顺序，合理地安排时间，以使各项任务得到顺利完成的关键环节。前面我们讲到明确学习计划包含了时间规划。一份好的规划要注意如下几个方面的关键环节：

1. 确定任务目标

时间管理的目的是让你在最短时间内实现更多你想要实现的目标。你要列一张总清单，把今年所要做的每一件事情都列出来，并进行目标切割。要将年度目标切割成季度目标，列出清单，每一季度要做哪一些事情；将季度目标切割成月目标，并在每月初重新再列一遍，碰到有突发事件而更改目标的情形便及时调整过来；每一个星期天，把下周要完成的每件事列出来；每天晚上把第二天要做的事情列出来。

2. 设计行动计划

依据任务目标和工作重点，确定应采取的行动步骤和时间安排，力争使自己能够在最有效的时间内达到目标。

3. 设定检视点

为了确保任务能够顺利完成，在执行计划的过程中设定一些检视点，以便对工作进展进行及时的检查、反馈。

## 三、对不重要的事情说"不"

当我们需要把注意力放在重要的工作上时，就要学会对那些让自己参加其他活动的要求说"不"。据日本的一项统计数据显示，人们一般每8分钟会受到1次打扰，每小时大约7次，或者说每天50—60

次。平均每次打扰大约是 5 分钟，总共每天是 4 小时，也就是约50%的工作时间（按每天工作 8 小时计算），其中80%（约 3 小时）的打扰是没有意义或者极少有价值的。同时，人被打扰后重拾原来的思路平均需要 3 分钟，总共每天大约是2.5小时。据此，每天因打扰而产生的时间损失约是5.5小时，按 8 小时工作制算，占了工作时间的68.7%。

简言之，我们应该学会有所为和有所不为。因为人的精力和时间是有限的，如果什么都想做，结果可能什么都做不好。

### 四、改变拖延的习惯

拖延的常见原因或者是受个人生活习惯的影响,或者是拖延者认为工作太重，时间太少，因此无法完成工作等等。解决的方法是把任务分解成小块，如写一篇文章或经营报告，可以把它分成几个部分，包括背景工作、阅读、组织材料、起草、定稿等。这样可以让工作变得容易许多，同时也能充分利用大量零碎的时间。

### 五、做好"时间日志"

所谓时间日志，就是把某一段时间内所有的活动详细记录下来，并进行简单的分析，以随时了解自己时间管理的情况。下面是记时间日志的要点：

1.先写下姓名、日期及目标。

2.按时间顺序、记下当天所有的大小事项。写下一切半途而废的活动及原因，越详细越好。

3.对每一行动设定轻重缓急的顺序，以便在当天结束时，追溯自己在最优先事项上花了多少时间。

4.写出对每项活动日后改进的评语。尽量将如何改进的步骤写下。

5.时间日志最少得连续写上三天，一般以七天为最理想，并且须在结束时腾出时间，分析自己所记的日志。

6.尽量用各种符号和缩写。

例：时间日志格式。

时间日志的优点在于能及时掌握自己运用时间的模式及浪费时间的原因，以提高自己时间管理的效率。

表4-1　时间日志

| 姓名： | | 日期：　　月　　日 | | |
| --- | --- | --- | --- | --- |
| 今日目标 | | 完成期限 | | |
| 时间 | 活动项目 | 所用时间 | 优先顺序 | 评语／处理方式 |
| | | | | |
| | | | | |
| | | | | |
| | | | | |
| | | | | |

优先顺序：　1—最重要；　2—次重要；　3—例行工作；　4—最不重要

针对时间日志，你可以思考如下几个问题，分析自己时间管理的效果：

——你对自己每天各项活动的优先顺序是否有把握，成竹在胸？你要花多少时间，才能着手进行当天最重要的工作？在完成这份工作前，你共让自己中途被打断了多少次？

——你是否把握时间，在适当的时候做该做的事？对不是自己份内的事，你如何处置？是否留待日后再做，是否授权别人去做，由谁去做？

——如何把事情做得更好，速度更快，过程更简化，减少繁文缛节，提高成果？

——你最常被什么情况打断工作，次数有多频繁，中断的时间有多久，其重要性如何，要花多少时间才能恢复原状？在当天结束时，有多少件中途被打断的工作无法完成？对事先可预防的各种紧急情况，你花多少时间去处理？对本可授权别人去做的事，你又花了多少时间去处理？

——你对自己定下的目标，究竟做到什么程度？

## 行动：体验愉快的时间运筹之旅

**活动一**：小张今天该如何安排

小张是爱心图书公司的图书销售员，今天他要拜访5位客户、上午10点听2小时的市场营销专家讲座、下班前给经理提交一份本周销售报告。他刚接到女朋友的电话说她母亲重病住院，只能在下午 3 ～ 5 点探视。另外，今天还是他父亲50岁的生日。小张正在犯难，又接到好友小王的电话，说小刘从美国回来了，想今天一起见见面，明天就要回上海。他们可是人称"三剑客"的挚友呀。今天该如何安排呢？

请想想：

1. 小张应该以什么标准来衡量这些任务？

2. 小张能否完成这些任务？

3. 小张必须要完成哪些任务？

提示：

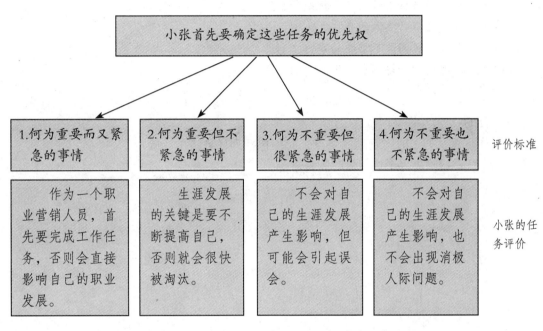

图4-4 小张按任务优先权评价面临的任务

### 活动二：做一份你今天的时间日志

就你今天的工作和生活事件，做一份时间日志。

请想想：

1. 你今天都有哪些要做的事情？

2. 把你今天要做的事情按优先顺序排列出来。

3. 对你一天完成任务的情况做一个评价。

提示：

按照前述时间日志的格式做一份你自己的时间日志。

## 评估：你是否掌握了运筹学习时间的要点?

学完了本节内容，现在看看你是否掌握了计划运筹学习时间的要点。下面请你认真思考这样几个问题:

1.今天有哪些事情是在适当的时间内完成的，哪些是在不适当的时间内做的?

2.今天效率最高的是哪一段时间，效率最低的是哪一段时间，为什么?

3.今天时间利用过程中最大的干扰是什么?

4.今天做了哪些不必要做的事?

5.今天花了多少时间做不重要的事?

6.今天有没有由于安排不合理而浪费的时间?

7.哪些方面要改进?

**作业目的:**

检查你是否掌握了时间管理的要点，其中包括列任务清单、确定任务的优先权、排除外界干扰、做时间日志等。

# 单元综合练习

**活动一**：李明的时间被谁偷走了

> ·案例·
>
> 　　星期天，李明还在睡眼惺忪之中就订好了一天的计划，想过一个充实而有意义的周末。他计划9点开始做家庭作业，然后写一篇日记，之后回复几个笔友的邮件，下午准备提前返校预习明天的功课。
>
> 　　9点钟他准时坐在书桌前，但看到凌乱的桌面，他心想不如先整理一下，为自己的学习创造一个干净舒适的环境。半小时后书桌变整洁了，虽未能按计划开始学习，但他丝毫不后悔，因为自己的工作还是很有成效的。于是他满意地走进客厅，坐在柔软的沙发上想喝杯水休息一下。就在这时他又无意间看到了爸爸带来的一份画报，便情不自禁地顺手拿起来并津津有味地看了起来。不知不觉之中已10点多了，他为没有按计划学习而感到不自在，不过转念又想，看杂志也是学习呀，心也就安了。
>
> 　　好不容易做作业了，可不一会儿，好同学来电话与他神聊了半小时。带着愉快的心情挂上电话，又看到弟弟在一旁玩游戏，就和他一起玩了起来，毕竟一周没和弟弟在一起玩了。结果很快就到了12点，他想想写日记也颇费脑筋，没有完整的时间怎能写好呢？倒不如下午再安心地写吧。
>
> 　　午饭后，他匆匆回到书桌旁，准备专心做作业，但刚坐下不一会儿，眼皮就开始打架，想想今天是星期天，不如好好休息一下，等养好了精神再集中精力学习吧。
>
> 　　一觉醒来，已经下午3点多了，他精神饱满地打开电脑回复邮件，做完之后，已经快5点了。他想剩下的时间也不可能完成今天的计划了，反正作业要到明天晚上才交，倒不如周一再加班做吧。

请你帮助李明分析一下：

1.李明当前的主要目标是什么？

2.李明忙乱的原因是什么？

3.李明应该采取什么措施才能从这种忙乱中解脱出来？

**活动二**：想想你未来三年的人生目标是什么？把它们写下来，并做一个实现目标的规划，明确落实规划的具体措施，特别要分析你在以往的工作和学习中常受外界干扰的原因，说说你在未来如何有效地排除外界干扰。

# 第五单元　有效实施计划

## 能力培训测评标准

在实施学习计划过程中——

通过相关人员的支持，开展学习及其有关活动，以促进目标的实现，并通过一个简单的课程和技能训练，提高你的工作能力或业绩。

在实施学习计划时，通过教练、培训教师和职业指导等人员的帮助，能够：

1. 利用行动要点来帮助你管理好你的时间，例如定期检查实行情况和提前考虑要做的事情。

2. 得到相关人员的支持，并利用这个支持实现目标，例如有关信息和问题的咨询。

3. 靠自己的力量和意愿选择不同的学习和工作方式，包括：

◆ 通过课程、训练或自学等，学会一个专业或技能

◆ 在工作实践活动中学会一项业务或技能

4. 选择并运用与学习内容（如体操、绘画、手工制作等）相适应的学习方法去学习。

5. 随时修订你的计划，例如处理意外问题，以及提前完成的任务。

（摘自《职业核心能力培训测评标准〈自我学习能力单元〉》中级）

管理好自己的时间、根据不同的学习要求选择学习方式，是实现学习目标的关键环节。

在自我学习的第二个活动要素阶段，实施学习计划有六个能力点：

1. 按时落实任务。能利用行动要点管理时间，定期检查实行的情况和提前考虑计划的工作。

2.积极寻求支持。能利用他人的支持实现目标。

3.自主选择方式。能主动选择不同的学习和工作方法。

4.善用有效方法。能选择并运用与学习内容相适应的方法进行学习。

5.善用先进手段。能使用先进的媒体技术进行高效率的学习。

6.及时调整计划。能随时修订学习计划。

根据上述能力点的要求，本单元共四节，包括了上述能力点的内容（其中第二和第六个能力点不作专门的训练）：

第一节，告诉你管理时间的三种有效方式，即用顽强的意志提高学习效率、根据自己的生物节律安排学习内容、突破自己学习中的误区。

第二节，学会自主学习的二个关键问题，一是了解你的学习风格，二是掌握复述策略、精加工策略、组织策略、做小结策略等四种常用的学习策略。

第三节，掌握发现学习法的精髓，其中包括问题意识的培养、发现和解决问题的方法。

第四节，帮助你走进信息世界，你将学会应用软件的安装与使用方法。

# 第十一节　管理时间　检查调整

## 目标：管理时间的关键

管理好自己的时间不仅需要策略，更需要毅力。通过本节的学习和训练，你将能够：

1. 学会利用生活中的各种零碎时间。
2. 学会把握人生中的"关键时间"。

**记住：**

把握人生的关键时间，并在严格执行计划的前提下充分利用零碎时间。

## 任务：做一个"算计"时间的高手

日本东京大学名誉教授渡边茂提出过"三万天学习论"，他设定人生寿命为81岁，把生命分为"成长时代"、"活跃时代"、"充实时代"三个时期。每个时期27年，大约相当于一万天。从出生到27岁，这第一个一万天被称为"成长时代"，是人们学习各种基础知识、锻炼自己适应社会能力的时代。从28岁到54岁，这第二个一万天称为"活跃时代"，是人们接受事业挑战，施展自己的知识和能力阶段，是在自己所从事的工作领域里展翅飞跃的时代。从55岁以后，这第三个一万天称为"充实时代"，是人们思想总结的阶段。每个人从呱呱坠地到满头白发，都是踩着时间的阶梯前进的。

哈佛商学院的鲁本教授对人生的三万天作了自己的解释。他说，三万天是个大数字，但在三万天里，每天能用来学习的只有几个小时。从幼年算起，假定每天多读书一小时，到81岁也只有三年多的时间。如果每小时读10页书，那就可以读262000页书，叠在一起将有三层楼房那么高。

有人进而强调，时间往往不是一小时一小时浪费掉的，而是一分钟一分钟悄悄溜走的。一个人对时间计算得越精细，事情就会做得越完美。如果你在学习上能以分为单位，对那些看起来微不足道的零碎时间也能充分加以利用，你就能在学习中有所收获。

请你盘点一下自己的时间管理状况，你是以分计算时间，还是以时计算时间的？你能有效管理时间，并对自己的时间安排做出及时的

**雷巴可夫：**

用分来计算时间的人，比用时计算时间的人，时间多59倍。

世界上有一样东西，它是最长的也是最短的，它是最快的也是最慢的，它最不受重视但却又最受惋惜；没有它，什么事也无法完成，这样的东西可以使你渺小的消灭，也可以使你伟大的永续不绝。
　　——伏尔泰

检查、调整吗？你愿意做一个"算计"时间的能手吗？

## 准备：管理时间的三大秘诀

### 一、学会"算计"时间

俄国昆虫学家柳比歇夫在82年的人生旅程中，共出版了70多部学术著作，写了12500张打字稿的论文和专著，内容涉及遗传学、科学史、昆虫学、植物保护、进化论、哲学等领域。但他并不是天才，也没有过人的天赋，更没有优越的成长环境。相反，他在小时候曾经摔断了胳膊，年轻时脑袋又受了伤，后来还染上了肺结核。

但就是这样一个天赋平平的人，凭着自己顽强的意志，在一分一秒地算计着自己的时间，坚持了56年从未间断过。

在他的"时间统计法"中，柳比歇夫把所有的"毛时间"都扣除，只注重每天"纯时间"的数量。他这样描述道："纯时间比毛时间要少得多……我做学术工作的时间，最高是11.5小时，一般我能有七八个小时的纯工作时间就心满意足了。我的最高记录是在1937年7月，我一个月工作了316小时，每日纯工作时间7小时。如果把纯时间折算成毛时间，应该再增加25%-30%。我今后需要做的就是如何把这25%-30%的时间再利用起来。"

他的时间统计法充分利用了控制论中的控制-反馈原理，对实际消耗的时间进行记录统计，并通过计算时间的实际利用率，找出浪费时间的因素，然后制定消除无效时间的措施，以最大限度地避免时间的浪费。

管理时间首先必须要学会做计划，并严格执行计划。与此同时，还应该精于"算计"，把一切可利用的时间都合理地利用起来。这里是利用零碎时间的一些作法：

1. 处理学习中的杂事

与学习有关的事情很多，如收拾用具、整理学习环境等，这些事情可以充分利用学习之余的零星时间处理，以免影响正常的学习时间。

2. 做摘记或学习卡片

短小精悍、浓缩各类读物的摘记或学习卡片，可以帮助自己把零碎时间纳入学习之中。杰克·伦敦就是一个善于使用摘记或卡片的人，在他的房间里，无论是窗帘上、衣架上、床头上、镜子上，到处都挂着一串串小纸片，纸片上写着生动的词汇、有用的资料。他在睡觉前、起床后、刮脸时，都不停地看、不停地背，使自己在常人并不

**特别提示：**

从今天开始，按"分"计算你的时间，明天你就会体验到别样的人生！

**注意：**

首先要严格执行计划，在此基础上再学会利用零碎时间，切忌本末倒置！

关注的这些琐碎的时间里，积累了大量有益的知识。

**3. 读短篇或看报纸杂志**

在较短的零星时间里，可以读一些短篇的文章或自己感兴趣的报刊，这样可以帮助自己拓宽知识面。

**4. 把不适合整块时间做的事放在零星时间**

由于学习的内容和性质不同，有些事情适合在整块时间去做，如学习系统的、难度较大的课程；有些则更适合在零星时间去做，如背诗词、记单词等。

**5. 交流讨论**

心理学家的研究表明，对创造性思维最有价值的活动，第一是交谈；第二是通信；第三是阅读。基于此，我们还可以把积累的问题收集起来，利用学习和工作之余，找老师或同事去求教。这样做，不仅是一种积极的休息，也是节约时间、增长知识的好办法。

**6.整理资料**

善于学习的人勤于积累资料，但只积累而不整理依然不利于学习。为了有效利用时间，更为了节约更多的时间用于工作和学习，你可以把零星的时间用来整理资料。

## 二、把握黄金时间

在一天的不同时间内，人的学习能力，包括记忆力、注意力、想象力、思维能力等，都不是一成不变的。而在不同的时段，不同的人，有不同的"黄金学习时间"。简言之，就是每个人都有一天中精神最集中、精力最充沛、学习效率最高的时间。因此，只要我们能够根据自己的特点，找出工作、学习的生物节律，并遵循记忆的规律，就一定能够达到高效率地利用时间的目的。

**1.善用生物节律**

节律是时间的一个重要特征，而人体节律就是生命进行曲的节拍。人体具有各种形式的节律。比如，一般人的智力早晨8点至10点最高，稍后次之，下午又次之，黄昏最差。这就是人体的"时钟节律"。假如你在机体处于最佳状态时进行学习或研究，在机能处于相对低下状态时进行休息或娱乐，那么，你就是在利用人体的节律。善用人体节律，往往更能提高学习时效，在减少能量和时间消耗的情况下取得优异成绩。因此，善用生物节律，就是要利用你的黄金时间，利用自己精力充沛的时间进行学习。比如，如果你是"猫头鹰"型的，往往晚间精力充沛，

> 人的生理功能、行为活动等按一定规律呈现周期性变化的现象叫做生物节律。它反映人的体力、情绪、智力的运动规律，把握这些规律，可以有效提高自己的工作和学习效率。

> **·资料· 生物节律是怎么回事**
>
> 人体生物节律是科学家们经过对生物医学、心理学的综合研究，总结出的人在体力、情绪、智力方面的运动规律。人体自身的周期性节律有很多，但对人的各种行为影响最大的是昼夜生物节律和月生物节律。
>
> （http://www.zhenjiu.net.cn）

你就可以把自学时间重点放在晚饭后的大片闲暇时间里；假如你属于"百灵鸟"型的，往往晨间思路敏捷，那么你就可以把自学时间安排在每天破晓时分。总之，一个掌握学习契机的自学者，就应该遵循生命节律，形成每天学习的规律。

2. 遵循记忆规律

心理学家艾宾浩斯的遗忘曲线表明，人的记忆与遗忘是有规律的，人们记住的东西，随着时间的推移，会有遗忘，而遗忘是先快后慢。根据遗忘曲线，学习后时间间隔为20分钟，重学节省诵读时间为58.2%；间隔为 1 小时，重学节省诵读时间为42.2%；间隔为 1 日，重学节省诵读时间为32.7%；间隔为31天，重学节省诵读时间为21.1%。这就是说，学习时间间隔越短，用的时间就越少，收获越大；反之，用的时间就多，收获就小。我们在复习所学习过的内容时，不仅要经常复习，还要坚持先短后长地安排各次复习的时间间隔，提高复习效果。遵循科学的规律，才能提高单位时间的利用率。

> 柯比：学习过程就像爬山，经常需要绕过障碍，你不要拖到最后没有任何办法的地步才想到试试迂回！

### 三、突围"循环圈"

法国著名昆虫学家法布尔曾做过一项有趣的实验，他把一群蚂蚁放在一个圆盘的周围，使它们头尾相接，绕圆盘排成一个圆形。于是这群蚂蚁开始前进了，它们一个紧跟着一个，像一支长长的游行队伍。法布尔在蚂蚁队伍旁边放置了一些食物。这些蚂蚁要想得到食物，就必须要离开原来的队伍，不能再绕原来的圈子前进。

法布尔预料，蚂蚁会很快厌倦这种无始无终、毫无目的的前行，而选择分散队伍，寻找食物。可蚂蚁并没有这样做，出于纯粹的本能，它们只是沿着自己或自己族类留下的化学信号前行。它们沿着圆盘的周围，一直以同样的速度走了七天七夜，一直走到它们累死、饿死为止。

这虽然是一个生物现象，但类似的情况也常常会在我们的学习与工作中发生，这便是"循环圈"。我们一旦进入"循环圈"，就会陷入时间和精力耗费的迷宫，做事或学习的效率自然就降低了。

那么如何才能打破"循环圈"呢？

1. 回头找找

一旦学习走进"循环圈"的时候，我们就一定要回过头去检查一下以前走过的路和做过的事，看看哪几步是朝着目标前进的，从哪一步开始偏离了正确的轨道、陷入了歧途。

2. 朝前看看

有时陷入"循环圈"是因为自己迷失了方向，因此，这时你就要静下心来，认真分析，寻找你的目标。

3. 全面想想

通过前面两步的分析以后，你要重新考虑全局，寻找新的思路和方法。

如果这些作法都不能使你脱离困境，那么你就需要采取迂回的办法，暂时避开这个问题，立即开始新的问题。或许避开一段时间后，在某一个瞬间，这个问题就会峰回路转，产生最终解决的灵感。

## 行动：做一次把脉效率的时间专家

### 活动一：替居里夫人把脉

居里夫人这样描述了她的学习与研究生活："我同时读几种书，因为专研究一种东西会使我的宝贵头脑疲倦，它已经太辛苦了！若是在读书的时候觉得完全不能由书里汲取有用的东西，我就做代数和三角习题，这是稍微分心就做不出来的，这样它们就又把我引回正路去。"

**请想想：**

1.居里夫人的读书方法会对她的研究工作产生干扰吗？

2.从居里夫人的学习和研究生活中能得到哪些启示？

3.居里夫人的这些方法适合于你吗？

**提示：**

1.居里夫人是如何运用零星时间的？

2.居里夫人运用了什么方法来保持最佳的研究状态？

### 活动二：把脉你自己的时间管理状况

1.想一想你自己是如何利用零星时间的？列出你一天的零星时间的清单，并写出你在每个时间都做了些什么。

2.记录你一天的学习和生活情况，列出你在每个时间段的学习效率，确定哪些时间是你效率最高的。

3.写出你今天遇到的难题，看哪些是必须要解决的，哪些是无关紧要的，然后划掉那些无关紧要的，认真分析必须要做的，找找问题的症结在哪儿并写出解决办法。

## 评估：你学会把脉时间了吗？

学完了本节内容，现在看看你是否掌握了管理时间、检查调整的要点。下面请你认真思考如下问题：

1.你还有哪些利用零星时间的"妙招"？请你再列出五个。

2.什么是生物节律？按照你自己的生物节律做一份你自己的一日学习与生活安排。

3.帮助你的朋友或家人分析他面临的难题，并与他们一起想办法解决。

**作业目的：**

检查你是否掌握了管理时间、检查调整的要点，其中包括利用零碎时间、把握学习的黄金时间、突破"循环圈"。

# 第十二节 认识自我 主动学习

学习/思维

## 目标：认识自我、选择方式

要做到自主学习，你首先必须会学。会学的一个重要诀窍是了解自己的学习风格、掌握必要的学习策略。

每个人由于先天的思维方式和个性不同，有着属于自己的学习风格，一个人要学得主动，必须对自己的学习风格、偏爱、个性有所了解，充分利用自己的优势、潜质，找到个性化的学习模式，提高学习效果。

在学习的道路上，也有一些共同的学习策略，掌握这些方法可以事半功倍。通过本节的学习，你将能够：

1.了解自己的学习风格。

2.掌握学习知识的几种常用策略：复述策略、精加工策略、组织策略、做小结策略。

## 任务：我的学习我做主

有人曾将学习者分为四类：第一类人好比计时的沙漏，他们学习就像在注入沙子，注进去又漏出来，到头来一点痕迹也没有留下；第二类人像海绵，他们什么都吸收，挤一挤流出来的东西却原封不动；第三类人像滤豆浆的布袋，他们将豆浆都流走了，留下来的只是豆渣；第四类人像宝石矿床里的矿工，他们把豆渣甩在一旁，只要纯净的宝石。这四类学习者成败的原因，就在于方法和策略的不同。因此，有人说："21世纪的文盲不是那些没有知识的人，而是那些不会学习的人。"

在你的学习生涯中，你常常会遇到各种各样的问题，对不同的问题你又总是会使用不同的解决方法。下面给你提供了几个不同性质的问题，请你试着做一做，看能否从中找到一些规律。

1.中国历史上唯一的女皇是谁？

2.光的传播速度是多少？

3.既是偶数又是质数的数是什么？

4.工厂运来234吨煤，每天烧6吨，烧了25天，还剩多少吨煤？

相信以上问题你都能够顺利解决，但这些问题却属于不同的知识类别。心理学家们将知识分为陈述性知识和程序性知识，在上述问题中，第1、2题属于陈述性知识，第3、4题属于程序性知识。通常我们在学习的过程中，针对不同的知识将会采用不同的学习方法。

本节旨在帮助你了解自己，掌握不同的学习策略，使你的学习更加积极主动。

> 陈述性知识是个人具有有意识的提取线索，因而能直接陈述的知识。
>
> 程序性知识是个人没有有意识的提取线索，只能借助某种作业形式间接推测其存在的知识。

# 准备：自主学习的两个关键

## 一、了解自己的学习风格

学习风格是指我们对感知不同刺激、并对不同刺激做出反应这两个方面产生影响的所有心理特性。也可以说是每个人在学习过程中经常喜欢采用的某些特殊学习方式、策略的倾向。比如，某些人认为某种学习方法比其他学习方法对他更有效；有些人对某种学习环境、某个特定的学习座位的偏爱；对某种媒体的偏爱等等，都属于学习风格的范畴。

美国圣·约翰大学的邓恩夫妇(Dunn R.和 Dunn K.)认为，每个人的学习风格是由环境、情感、社会生理和心理等多种要素组合而成的，并在个体接受、贮存和使用其知识和技能的过程中表现出来。其中每一类要素又分别由多个方面组成。如图5-1所示。

学习风格的要素 → 环境类要素／情绪类要素／社会性要素／生理性要素／心理性要素

图5-1　学习风格要素

他们认为，环境类要素包括对学习环境安静或热闹的偏爱，对光线强弱的偏爱，对温度高低的偏爱，以及对坐姿正规或随便的偏爱等四个方面。

情绪类要素包括自我、家长、教师激发动机或缺乏学习动机，学习坚持性的强弱，学习责任心的强弱，以及对学习内容组织程度的偏爱等七个方面。

社会性要素包括是否喜欢独立学习、结伴学习、与成人一起学习，以及与各种不同的人一起学习等四个方面。

生理性要素包括优势感官(包括听觉、视觉和动觉)，学习效果最佳的时间(包括清晨、上午、下午和晚上)，学习时是否喜欢运动，学习时是否爱吃零食等九个方面。

心理性要素包括分析与综合，对大脑左右两半脑的偏爱，以及沉思与冲动等三个方面。

他们认为多数人的学习风格都强烈地受到以上五个类别27种要素的影响，因此，可以以此诊断每个人的学习风格，以便制定相应的教学策略，促进学习。

所罗门（Barbara A. Soloman）从信息加工、感知、输入、理解四个方面将学习风格分为4个组、8种类型，它们是：活跃型与沉思型、感悟型与直觉型、视觉型与言语型、序列型与综合型（所罗门设计了具有很强操作性的学习风格量表，可以较好地进行学习风格的测试，具体测量的方法参见第十五节）。

### 1. 活跃型与沉思型

活跃型学习者倾向于通过积极地做一些事——讨论或应用、解释给别人听来掌握信息。而沉思型学习者更喜欢安静地思考问题。

"来，我们试试看，看会怎样"，这是活跃型学习者的口头禅。而"我们先好好想想吧"是沉思型学习者的通常反应。活跃型学习者比倾向于独立工作的沉思型学习者更喜欢集体工作。

### 2. 感悟型与直觉型

感悟型学习者喜欢学习事实，而直觉型学习者倾向于发现某种可能性和事物间的关系。

感悟型学习者不喜欢复杂情况和突发情况，而直觉型学习者喜欢革新不喜欢重复。

感悟型学习者比直觉型的学习者更痛恨测试一些在课堂里没有明确讲解过的内容。

感悟型学习者对细节很有耐心，很擅长记忆事实和做一些现成的工作。直觉型学习者更擅长于掌握新概念，而感悟型学习者更能理解抽象的数学公式。感悟型学习者比直觉型学习者更实际和仔细，而直觉型学习者又比感悟型学习者工作得更快更具有创新性。

感悟型学习者不喜欢与现实生活没有明显联系的课程；直觉型学习者不喜欢那些包括许多需要记忆和进行常规计算的课程。

人有时是感悟型的，有时是直觉型的，只是有时候其中某一种的倾向程度不同。要成为一个有效的学习者和问题解决者，你要学会适应两种方式。如果你过于强调直觉作用，你会错过一些重要细节或是在计算和现成工作中犯粗心的毛病。如果你过于强调感悟作用，你会过于依赖记忆和熟悉的方法，而不能充分地集中思想理解和创新。

### 3. 视觉型与言语型

视觉型学习者很擅长记住他们所看到的东西，如图片、图表、流程图、图像、影片和演示中的内容，言语型学习者更擅长从文字的和口头的解释中获取信息。当通过视觉和听觉同时呈现信息时，每个人都能获得更多的信息。

4. 序列型与综合型

序列型学习者习惯按线性步骤理解问题，每一步都合乎逻辑地紧跟前一步；综合型学习者习惯大步学习，吸收没有任何联系的随意的材料，然后突然获得它。

序列型学习者倾向于按部就班地寻找答案；综合型学习者或许能更快地解决复杂问题，或者一旦他们抓住了主要部分，就用新奇的方式将它们组合起来，但他们却很难解释清楚他们是如何工作的。

## 二、学习策略

认识自我的学习风格是主动地利用自己的优势来学习，学出高效率。在不同的学习风格类型中，有几种不受类型影响的学习策略，是大家都常用的有用方法，包括以下几种：

（一）复述策略

复述是对知识进行多次重复，以保持记忆的方法。在运用复述策略进行学习的时候，第一要及时，因为根据遗忘"先快后慢"的规律，如果不及时复述，大部分内容都很快会被遗忘；第二是要多种感官并用，心理学有研究表明，多种感官协同记忆，如读、写、看相结合，可以增强记忆效果。

（二）精加工策略

这是通过给学习材料补充细节、进行比较、举出例子等方式增加相关信息，以加深记忆的学习策略。"记笔记"是精加工策略的一种重要技术，它不仅有助于知识的深度理解，也便于你的复习。

记笔记有一定的规范，通常你可采用如下步骤：

——留出笔记本每页右边的1/4或1/3。

——记下听课或读书的内容。注意"四记"，一记思路，二记纲要，三记要点，四记问题。

——整理笔记。

——在笔记的留出部分写边注或评语。这一步也是帮助你加深理解的重要环节。

（三）组织策略

这是在学习中，把分散的、孤立的知识形成一个相互联系的知识体系的方法。人们常用的组织策略，有"纲要法"、"图表法"、"概念图法"等。

纲要法　是把所学的主题和要点列成一个有结构的提纲的方法。比如学习两栖类动物青蛙，可以先列出青蛙的生活习性、运动、消化和呼吸等四个主要方面的内容，然后再分别进行补充。

真正懂得学习的人能摆脱课堂的限制，不会把一切东西都往脑子里塞。
——柯比
（哈佛大学教授）

中

图表法　是利用表格、流程图等方式来整理知识的方法。比如化学元素化合物知识结构图、概念（结构、性质等）比较表、物质衍变或转化关系图、反应关系图等。你自己绘制这些图表并整理知识的过程，就是一种知识组织和思维加工的活动过程，不仅获得了知识，而且学会了策略的运用。

概念图法　是把所学的概念以直观的关系图的方式列出来的方法。运用这种方法既可加深理解，也增强了记忆的直观性。可参照图5-2做你自己的概念图。

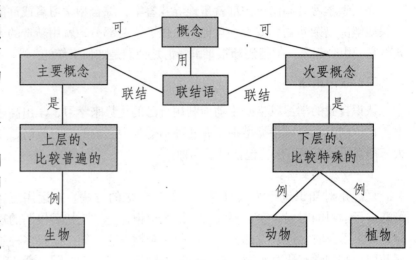

图5-2　概念关系图

**（四）做小结策略**

这是把自己读到或听到的内容进行归纳、提炼、总结，以把握所获得信息的主要意义的方法。做小结可遵循如下步骤：

——首先从简短、容易、组织良好的段落开始练习，然后逐步过渡到给篇幅较长、难度较大的内容做小结。

——每次做小结时，要求做到：为每段或每节确定或创设一个主题句；确定统领几个具体观点的上位概念或观念；找到支持每一要点的具体信息，剔除无关的、不重要的信息。

——与同学比较或讨论所做的总结。

# 行动：开始你的自主学习

**活动一：** 分析理科状元的学习风格类型

·案例·　　　　　理科状元的经验之谈

刘敏，1998年以549分的成绩夺得上海市理科高考状元。下面就是她关于"死记活用"学物理的体会：

　　"我对于物理的理解，不仅是知道它，更重要的是记住它、懂得它，这样，便有了先前所说的'死记'。就像文科一样，我对物理书是相当熟悉的。主要的定理、概念，我在一节课上完后就背下来，就是'死记'。因为记它们时，我是一字不差地记。我一直认为要真正理解一段文字，就是要一个字一个字地读明白，而背出来则是真正做到读明白。由于经常背概念，我往往会找到一些规律。例如，背'闭合电路欧姆定律'，从中发现无论'闭合电路'或'部分电路'定律针对的都是'电流'这个物理量，而其他涉及到的物理量，或是用来定义它，或是用来计算它。抓住这样的规律，什么定理、定律都不难以理解了。此外，由于弄清并记住了每一个定理、定律，以后遇到相关内容就容易归类与联系。"

（选自《清华名师告诉你怎样学习》　作者　刘国胜）

　　1.分析刘敏属于哪种学习风格。

　　2.按照所罗门的学习风格分类，自我对照一下，你属于什么类型的学习风格。思考一下怎样发挥自己的风格优势，克服风格个性的劣势。

**活动二**：试用本节自主学习策略中的"做小结的策略"分
　　　　　析下面这篇文章

　·资料·　　　　　　　**成功路上的四盏灯**

　　我的朋友唐恩自认为是当音乐家的料。可是在我记忆中，上初中时他演奏手鼓并不怎么高明，唱歌又五音不全，实在让人不敢恭维。光阴似箭，我们中学毕业后即失去了联系。我念大学，读研究生，尔后成了圣玛丽大学的哲学教授。唐恩则为实现当歌唱家兼作曲家的理想，去了"乡村音乐之都"纳什维尔。

　　唐恩到那儿后，拿出有限的积蓄买了一辆旧汽车，既做交通工具又用来睡觉。他特意找到一份上夜班的工作，以便白天有时间光顾唱片公司。在这期间，他学会了弹吉他。好多年时间，他一直在坚持写歌练唱，叩击成功之门。

　　有一天，我接到一位跟唐恩相识的朋友打来的电话："听听这首歌。"他说罢，将话筒靠近扬声器。刹那间，我听到了一阵美妙动听的歌声。真不愧是个出色的歌手！"这是卡皮托尔公司为唐恩出的唱片。"朋友在电话中说，"他在全国每周流行唱片选目中名列前茅，你能相信吗？"我的确难以置信：这首歌就是唐恩自己写自己录制的？然而，唐恩确确实实做到了。不仅仅如此，在当时一套畅销的乡村音乐唱片集中，主题歌《赌徒》也是唐恩的杰作！

　　从那时起，唐恩·施里茨创作演唱了23首顶呱呱的歌曲。由于他专心致志，全力以赴，他的梦想实现了。

　　唐恩基于直觉做出的选择，也使我从有关人类美德和个人成功的伟大文学作品中发现了原则。我认为，若想使自己真正踏上成功人生的胜境，就需要满足下列四个基本条件。

### 1. 方向之灯

"如果你不知道自己的方向,你就会谨小慎微,裹足不前"。

不少人终生都像梦游者一样,漫无目标地游荡。他们每天都按熟悉的"老一套"生活,从来不问自己:"我这一生要干什么?"他们对自己的作为不甚了了,因为他们缺少目标。

制定目标,是意志朝某个方向努力的高度集中。不妨从你渴望的一个清楚的构想开始,把你的目标写在纸上,并定出达到它的时间。莫将全部精力用在获得和支配目标上,而应当集中于为实现你的愿望去做、去创造、去奉献——制定目标可以带来我们需要的真正的满足感。

自己设想正在迈向你的目标,这尤为重要。失败者常常预想失败的不良后果,成功者则设想成功的奖赏。从运动员、企业家和演说家中,我屡屡看到过这样的情况。

### 2. 交往之灯

"结交比你更懂行的人"。

我父亲17岁时离开北卡罗来纳州的农场,只身前往巴尔的摩马丁飞机公司求职。在被问到他想做什么工作时,父亲回答说:"干什么都可以。"

他解释说,自己的目标是学会厂里的每一项工作,他乐意去任何一个部门。父亲被录用后,一旦管理员确认他的工作不比别人的逊色,他就提出去不同的另一个部门,重新从头开始。人事主管同意了这一不寻常的请求。到父亲年满20岁时,他已从这家大工厂脱颖而出,承担起实验方案的攻关,薪水相当不菲。

父亲只要去一个新的部门,总是去向经验丰富者请教。而一般的新手通常会避开这种人,生怕靠近他们会使自己看上去像个初出茅庐者。

我父亲向这些人请教他所能想到的每一个问题。他们也很喜欢这个不耻下问的年轻人,遂把自己摸索出来、别的人从未问过的捷径指给他。这些热心人成了我父亲的良师益友。无论你的目标是什么,都要计划跟那些比你更懂的人发展关系,把他们作为你努力的榜样,不断调整、改进自己的工作。

### 3. 梦想之灯

"成功者不过是爬起来比倒下去多一次"。

成功者与失败者之间最大的区别,通常并不在于毅力。许多天资聪颖者就因为放弃了,以致功亏一篑。然而,成就辉煌的人绝对不会轻言放弃。

有一天我去上班时,碰见了丹尼尔·卢迪——他现在是一位富于鼓动性的演说家。卢迪在伊利诺伊州乔列特长大,从小就听说圣玛丽大学的神奇传说,梦想有一天去那儿的绿茵场踢足球。朋友们对他说,他的学习成绩不够好,又不是公认的体育好手,休要异想天开了。因此,卢迪抛弃了自己的梦想,到一家发电厂当工人。

不久,一位朋友上班时死于事故,卢迪震骇不已,突然认识到人生是如此短暂，以致你很可能没机会追求自己的梦。

1972年，他在23岁时读印第安纳州圣十字初级大学。卢迪在该校很快修够了学分，终于转入圣玛丽大学，并成为帮助校队准备比赛的"童子军队"的一员。

卢迪的梦想很快要成真了，但他却未被准许比赛穿上球衣。翌年，在卢迪多次要求后，教练告诉他可以在该赛的最后一场穿上球衣。在那场比赛期间，他身着球衣在圣玛丽校队的替补队员席就座。看台上的一个学生呐喊道："我们要卢迪!"其他学生很快一起叫喊起来。在比赛结束前27秒钟时，27岁的卢迪终于被派到场上，进行最后一次拼抢。队员们帮助他成功地抢到那个球。

我17年后同卢迪再次相遇，是在圣玛丽大学体育馆外的停车场。一个电影摄制组正在那儿，为一部有关他的生平的电影拍外景。卢迪的故事说明：你只要怀有一个梦想，便没有办不到的事。

#### 4.进取之灯

"回顾并更新你的目标"。

不时重新看看你的目标表，如果你认定某个目标应该调整，或用更好的目标取而代之，就要及时修改。当你达到了自己的目标，或是向它迈进了一步时，不妨庆祝一下。用你所喜欢的任何方式，来纪念那一特殊的时刻，重燃理想之火。

但不应该就此止步。在一个目标达到后，许多人便松懈下来了。正因为如此，今年排名第一的销售代理，很可能成为明日黄花。

我在一幢旧宅里住了多年。每当我在寒冷的日子里调温度调节器时，年代久远的取暖炉必定燃烧得更旺，直到温度升上新的一档。一达到我定的温度，它便自己停下来，温度不再往上升。

人类也趋向于像那个取暖炉。我们很容易满足于自己已达到的目标，不再要求上进。其实，为了不让希望落空，我们应当制定新的目标，不断向新的高度攀登。

(http://www.86666.com/health/psychology/human/chenggongrensheng/051546433562.html)

提示：

1.按照"记笔记"的格式做一份读书笔记。

2.在读书笔记中，对文章做一个小结，并与同学讨论。

**活动三** ：根据概念图的结构模型，就本节所学习的"学习策略"做一个概念图。

## 评估：反思你学习的成效

本节学习了自我认识的方法，自主学习的一些重要策略，相信你在自主学习的道路上又迈出了有效的一步。下面请你认真思考并试着动手做一做下面的题目：

1. 你每次学习完一部分内容后，多长时间再重温这些内容？

2. 你读书时，在书上做记号和批注吗？

3. 你有做读书笔记的习惯吗？

4. 你让学过的知识在头脑中处于零散状态，还是常常有意识地做一些系统的梳理？

5. 你听完别人的谈话之后，能否马上就明白其意思？

6. 听完一场报告，你能否马上总结出三点自己的认识？

**作业目的：**

检查你是否掌握了自主学习策略的要点，其中包括复述策略、精加工策略、组织策略、做小结策略。

# 第十三节　求异质疑　发现学习

## 目标：提高发现问题的能力

发现法学习是提高思维水平和学习能力的重要学习方法，通过发现问题的学习方法训练，能够强化你的问题意识，提高解决问题的能力。具备了这种学习能力，将大大提高你的学习素质，有助于你的成功。

通过本节的学习和训练，你将能够：

1. 了解发现学习法的基本原理，掌握训练的程序和方法。

2. 培养自己的问题意识和创造意识，提高自己解决问题的能力。

3. 在学习过程中，能够熟练运用发现法学习，取得良好的学习效果。

> **记住：**
> 让发现学习法伴随学习始终。

中

## 任务：掌握发现问题的方法

西方哲学史上有一个著名的例子。在剑桥大学，维特根斯坦是大哲学家穆尔的学生。一天，大哲学家罗素问穆尔："谁是你最好的学生？"穆尔毫不犹豫地说："维特根斯坦。""为什么？""因为，在我的所有学生中，只有他一个人在听我的课时，老是流露着迷茫的神色，老是有一大堆问题。"后来，维特根斯坦的名气超过了罗素。有一次，有人问维特根斯坦："罗素为什么落伍了？"他回答说："因为他没有问题了。"

**请你回想一下：**

1. 上课时，你是否习惯提问题？

2. 你对教材结论和教师观点是否能够提出异议？

3. 对教师的讲解方式和讲解内容你是否有自己的不同看法？

4. 你觉得你的学习思路经常是直线的还是跳跃的？

5. 教师对你的评价经常是"听话"，还是"调皮"？

其实，学习的过程就是发现和创造的过程。发现问题越多，进步就越大，道理容易理解，关键是要培养敢于质疑、勇于探索的精神，强化求异思维，培养自己发现问题的能力。

> 一个总是能提出为什么的人，是一个活着的人；而一个不再提出为什么的人，是一个活着的死人。
>
> ——哈佛大学教授柯比《学习力》

**两个关键点：**
　　问题天然存在。
　　关键在于能否发现。

# 准备：如何发现学习中的问题

## 一、培养问题意识

### 1.敢于质疑、勇于探索

在生疑中求探索　疑，是思维的开端、创新的基础，是激发探索知识的兴趣和热情，增强自主探索未知领域的动力。学习过程中，有了疑问才会去思考，思而不解才会去探究，有探究才会有所发现，有所创造。因此，你要对学习材料中的现成结论、方法步骤常常提出"为什么"，敢于大胆质疑，发表自己的见解。通过发现问题、提出问题和探究问题，能够逐步形成探究习惯，提高探索能力。

> 发现问题是创造的前提和条件。

在活动中求探索　在学习知识技能的过程中，主动参与探究活动，解放创造力，其有效活动为"四动三论"：

四动：动耳听、动眼看、动脑思、动手练。

三论：讨论、辩论、评论。

在激发中求探索　激发探索热情，增强探索兴趣和信心。在学习过程中，克服"思维定势"，从不同角度去寻找通向目的地的途径。

### 2.强化求异思维

求异思维是从某一点出发，运用全部信息进行发散性联想，发现多种解决问题的途径，寻求问题的丰富多彩的答案。

求异思维是一种不依常规、寻求变异的思维方法。他不受现成知识的局限，不受传统思维方式的束缚，是发现新事物、创造新理论、提出新见解的思维方法。它具有思维敏捷、灵活多变、标新立异的特点。强化发散思维训练是培养创造性思维的重要方式。所以，应努力培养自己独立思考、敢于怀疑、富于联想、勇于挑战的思维品质。求异思维训练途径有：

> 永远都不要停止给自己提问题，别忘了，创造是从问题开始的，它往往诞生于100个问题之后，你需要做的，就是把问号变成惊叹号。
> ——哈佛大学教授柯比《学习力》）

(1)认真挖掘求异素材　分析学习内容的内在联系，理清知识点及相互之间的关系。主要训练方法有：

反向求异：从结论或答案求出使之成立的各种条件。

例如，结论：地铁是缓解城市交通的重要途径。条件：功能、优势、某城市的地面交通状况、地面交通的制约因素等。

放射求异：创设研究问题的环境和条件，通过立体式想象判断，思考出可能产生的结论或结局。

例如，如果淡水全被污染了，地球会怎么样？推论：坏的方面、好的方面；人类、动植物；社会、自然界；现在、未来等等。

对比求异：通过正反对比、相似对比等各种对比手法，揭示出知识间的内在规律，形成网络结构。如数学学科概念、定理的对比。

分析求异：对欲证命题进行分析，通过分析转化的各种方向，寻找解决问题的多种途径。

例如，提出解决生态环境严重破坏问题的对策，可从国家政策、思想观念、行为习惯、法律法规、生态恢复、动植物生物链等方向思考。

反馈求异：对理论上证明了的命题，反馈到具体事例，列举正面例子说明合理性，列举反面例子说明其不合理性。

例如，环状交通一度被认为是城市交通的最好方案，许多城市都实行这种方式。但从北京目前的城市交通状况来看，有利有弊，分析其合理和不合理的方面。

(2)多形式培养求异能力　要有意识地培养在丰富想象中求异，在大胆幻想中求异，从怀疑中求异，从好奇中求异，从联想中求异，从敏锐观察中求异，提出尽可能多、尽可能新的与众不同的独特思路、途径和方法。如一事多写、一词多用、一空多填、一图多画、一题多想、一题多变、一题多解等均是训练求异思维的有效形式。

## 二、问题产生的四个途径

1.抓住经验事实同已有理论的矛盾　每一个新的观察和实验结果，都可能与现有的理论概念发生冲突，这个时候，新的问题就会产生。比如心理学中的行为主义学说提出的"S—R"（刺激—反应）联结理论，人们很快就通过现实生活经验提出了质疑，因为人接受到一种刺激后，总是要经过自己内部的思维过程，才会作出反应，正因为如此，有时我们给一个人刺激，不见得就会产生期望的反应。于是，新行为主义的"S—O—R"学术思想就产生了。

2.抓住理论的逻辑矛盾　如果一个理论内部出现了逻辑矛盾，就必然会推出两个相对立的论断。因此，抓住理论的逻辑矛盾往往是发现问题并实现理论突破的关键。

爱因斯坦发现电磁学方程在伽利略变换中不具有协变性，而这就意味着电磁理论同经典时空观的矛盾，这引导了爱因斯坦探求狭义相对论。

3.盯住论争　一个问题可以从多个方面铺展开来争论，而争论总能促进科学问题的解决。比如，赤壁之战前，孙权在"主战"与"主降"的激烈争论中举棋不定，诸葛亮在这种论战中，提出了孙刘联合抗曹的方案。

4.盯住不同知识领域的交叉地带　一些新学科就是在不同知识领域的交叉中产生的，如系统论、控制论、信息论就是如此。

在学习中，每一个可供选择的方法，都存在对应的相反结果。当你面对一个新问题，沿着某一思路无法解决时，不妨将思维调整到相反的方向想一想，或许会有意想不到的收获。

——哈佛大学教授柯比（《学习力》）

所谓创造，就是自己提出问题，并由自己想办法来解决的全部过程。

——本杰明（创造学家）

中

### 三、发现问题和解决问题的方法

1.**发现困惑**　从"杂乱无章"的事实中分析已知者。

2.**发现资料**　仔细搜集有关的资料；仔细而客观地观察；探究情景中的事实。

3.**发现问题**　从若干观点看可能的问题；思索可能的问题；把范围缩小到主要的问题；重新以可解决的形式陈述问题；使用"我可能用什么方式"来思维和推敲；重新陈述问题；用小规模的试验尝试初步制订的计划是否可行；拟可能做的附带计划，以防第一个计划行不通。

4.**发现构想**　产生许多主意和可能解决问题的方法；产生许多主意以便解决问题；同伴合作想出许多主意或数种可能解决问题的方法；尽可能地列出许多主意。

5.**发现解答**　在数种可能解决问题的方法中选择最可行者；就解决方法发展评价准则；客观地应用准则于每一个可能选择的解决方法；根据已发展的准则评估可能选择的解决方法；列出可用于收敛性或分散性思维过程的评价准则。

6.**寻求接受**　发展行动计划；考虑哪些听众一定会接受这一计划；针对前面所提出的解决问题的方法，征求所有听众的意见。

好奇心，是指智慧的、特殊的、探索性的本质，是学习力中的万能之力，它为我们打开了认识自我和理解世界之门，并为我们的学习注入了无尽的活力。
——哈佛大学教授柯比《学习力》

## 行动：体验发现的乐趣

### 活动一：请你帮董事长渡过难关

几年来一直蒸蒸日上的公司，今年因为经济不景气而盈余大幅度滑落。最近董事长心头的负担更加沉重，因为马上要过年了，按惯例，年终奖至少要加发两个月的工资，多的时候还会加倍。今年从目前的情况来看，最多只能发一个月的奖金。"这下，还不知道士气会低落到什么程度呢！"董事长想。

总经理也愁眉不展，边想边跟董事长说，"好像给孩子吃糖，每次都抓一大把，现在突然改成两颗，小孩子一定会吵"。

"对了！"董事长突然来了灵感，"你倒使我想起了小时候在商店买糖，总喜欢找一个店员。因为别的店员都是先抓一大把，拿去称，再一颗颗往回扣。那个店员则每次拿的都不足重量，然后一颗颗往上加。说实在话，最后拿到的糖没什么差别。但我就是喜欢后者。"于是，他提出了一个非常理想的解决方案，最后发了一个月的奖金，但士气比过去还要高。

请你帮助董事长分析形势，提出解决方案。

请想想：

董事长买糖和士气之间有什么样的联系？

提示：运用"发现并解决问题的方法"的程序：

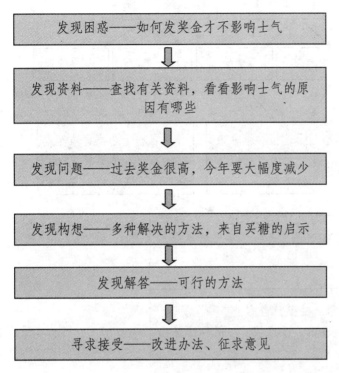

图5-3 发现并解决问题的程序

### 活动二：发现"滥竽充数"所包含的多层意义

齐宣王使人吹竽，必三百人。南郭处士请为王吹竽。宣王悦之，廪食以数百人。宣王死，湣王立。好一一听之。处士逃。

大家非常熟悉这个成语故事，长期以来，我们认为它的意思是批评一个人不懂装懂的，对南郭先生持一种嘲笑态度。

那么，请你重新仔细阅读原文，看看文章还能够如何理解，可能含义不止一两个。

请想想：

1.仔细思考一下，我们平时的理解是否有不全面的地方，南郭先生有没有值得肯定的地方？

2.造成南郭先生滥竽充数的社会条件和自身原因有哪些？

3.这个故事在现代管理上有何启示？

提示：

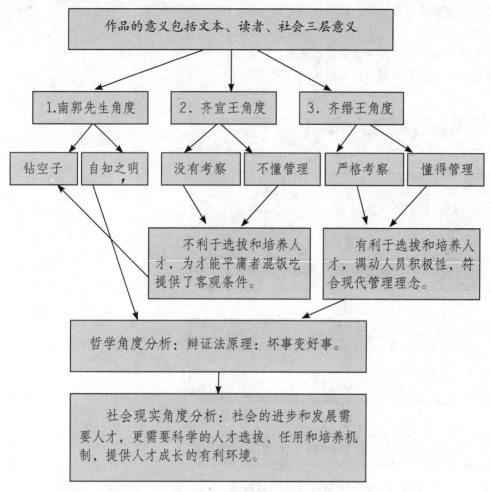

图5-4　作品意义分析

## 评估：你是否掌握了发现学习法的要点

学完了本节内容，现在看看你是否掌握了发现法学习的要点，下面请你认真思考这样几个问题：

1.通过以上学习，你有什么收获？

2.在今天的学习内容里，你是否能够熟练地运用以上学习方法？

3.举出你自己具有求异思维品质的例子来。

4.今天的学习过程中有些什么问题？

5.你觉得自己的学习方法还有哪些方面需要改进？

**作业目的：**检查你是否掌握了发现问题的方法，其中包括对学习内容的反思、学习材料中如何发现问题和解决问题。

# 第十四节　善用媒体　提高效率

## 目标：掌握媒体学习的关键

使用多媒体辅助学习，是当前教育发展科学化的一个趋势。它可以使原来抽象、枯燥的学习内容，用图形、动画、文本、音频、数字化视频等多媒体表现形式展现在教学过程中，利用多种媒介形式同时刺激学习者的各种感觉器官，特别是听觉和视觉器官，从而大大加强学习者对信息接受、理解和利用的能力。多媒体的交互性更可因人而异，你可根据自身特点选择，提高学习的主动性和学习效果，因此在学习中使用多媒体辅助学习，有助于你实现学习目标，极大地提高学习效率。

通过本节的学习和训练，你将能够：

1.根据学习内容列出可能利用的现代化学习手段,并选择出最适合该内容学习的先进学习手段。

2.学会操作教师提供的多媒体学习课件。

## 任务：你善于选择和利用媒体吗?

《学习的革命》一书作者戈登·德莱顿在描绘改变世界学习的方式时，勾画过未来学习的多媒体模式（见图5—5）。

在今天信息技术飞速发展的时代，我们的学习已不再是传统单一方式的、被动的学习了，我们可以凭借现代化信息技术手段，如网络等多种信息传播的工具媒体来辅助学习。今天的学习是具有开放性教育特点的自主性学习。

下面请你认真思考这两个问题，看看你离现代化的学习有多远：

1.你是否仍然依赖教师的讲授与课本的学习，这种学习方式的利弊有哪些？

2.你在发现、收集、利用各类学习资源时经常采用哪些有效方法？

**两个关键点：**

1.建立现代信息技术环境下的自主学习模式。

2.合理选择媒体，善用媒体。

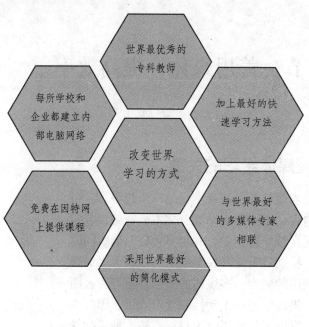

图5-5 戈登·德莱顿：未来学习的多媒体模式

具有现代化学习观念的学习者，应从传统的被动地接受知识、理解知识、掌握知识转变为主动地获取知识、处理知识、运用知识；要有能力利用信息网络探索知识，具备较强的自我学习能力。不要认为，只有进入课堂才是学习，只有教师讲的才是知识。你应该充分利用今天的教育的信息化、学习的信息化手段，将现代多媒体技术，将信息网络及技术变成自觉学习、自我发现、自主探索的工具。

*在教师的指导下，将多媒体技术，变成自觉学习、自我发现、自主探索的工具。*

## 准备：学会选择和获取多媒体工具

### 一、选择学习媒体

多媒体学习工具的利用是传统学习方式的一种补充，它能更好地解决在传统学习中不能或难以解决的问题。实验心理学家赤瑞特拉（Treicher）作过两个著名的心理实验：一个是关于人类获取信息来源的实验。他通过大量的实验证实，人类获取的信息83%来自视觉，11%来自听觉，3.5%来自嗅觉，1.5%来自触觉，1%来自味觉。另一个实验是关于知识保持持久性的实验。结果是，人们一般能记住自己阅读内容的10%，自己听到内容的20%，自己看到内容的30%，自己听到和看到内容的50%；在交流过程中自己所说内容的70%；如果既能听到又能看到，再通过讨论、交流用自己的语言表达出来，知识的保持将大大优于传统教学的效果。

多媒体技术既能看得见，又能听得见，还能用手操作。这样通过多种感官的刺激获取的信息量，比单一地听课要多。同时，多媒体应用于教学过程不仅非常有利于知识的获取，而且非常有利于知识的保存和传播。

选择媒体的类型应根据自身的身心特点来选择。多媒体具有的声、光、电的综合刺激，能够激发学习者的兴趣，引起学习者的注意，从而提高学习积极性，提高学习效率。但心理学表明，大脑皮层长时间处于高度兴奋状态，容易使身心疲倦，反而不利于知识的吸收。因而，多媒体在学习上的使用，要注意适度，切忌频繁滥用。此外，还应根据内容选择多媒体。

## 二、获取媒体

确定好使用多媒体后，接下来就是如何获得多媒体学习课件。途径主要有两个：一是从网上直接下载；二是从其他渠道获得再行自己安装。

## 三、安装软件

### 1.选择软件有技巧

常见的软件按语言可分为：英文版、中文版和中文汉化版。按功能分为：精简版、标准版和增强版。精简版是去掉了一些不常用的功能，增强版是附加的功能比较多的版本。按软件开发时间分为：内部测试版（Alpha）、外部测试版（Beta）、正式版等。

安装时要注意，如果英语较好，有些软件，先安装英文版，然后再考虑中文版和汉化版，因为英文版往往比较稳定。如果你对某些功能软件只使用部分功能，推荐你安装精简版或标准版，增强版往往提供更多的功能，但是同样也会占用更多计算机资源。

### 2.安装路上把好关

（1）让软件住上大屋

大多数软件默认的安装路径都是C分区中的Program Files文件夹，也有的在C分区根目录下。这样做，一是不利于系统的稳定，二是有的软件对空间需求较大，因此，如果你经常安装软件，建议选择一个专门的、较大的分区作为软件的家。

第一步：分类建立文件夹。先在安装软件的分区建一个Program Files文件夹，再在Program Files文件夹中分类建立若干个子文件夹并命名，如"办公软件"、"影音软件"、"工具软件"等，譬如在"工具软件"文件夹安装一些下载工具类软件，如Flashget、网络蚂蚁等。

第二步：更改安装目录。在安装过程中，当窗口中出现"安装某某软件到目录"或"目的文件夹"等字样时，要单击"浏览"按钮，在弹出的窗口中选择安装目录。

有的软件，如星空极速，有一个快速安装模式，它默认的就是快速安装，直接安装在系统分区，根本不给你选择的余地。如果你想安装在其他分区，必须取消勾选"快速安装"。再如Mozilla Firefox 1.0 简体中文版，它提供了两种安装类型：标准和自定义。只有选择"自定义"才能选择安装目录。

注意：

● 一些能全自动安装的软件光盘最好不要用，虽然省事，不用人为干预，但有不能更改安装目录的缺陷。

● 尽量选择"自定义"方式安装，这样可以获得更多的选择权。

● 如果不熟悉软件和计算机操作，为了简便，还是按软件提供的默认方式安装为好。

（2）软件定制，多想想

有些软件在安装时，会让我们进行一些选择，这时你要考虑以下问题：

① 是否在开始菜单、桌面、快速启动栏建立快捷方式。

这要根据个人爱好自行选择。如果想让桌面清爽一些，就在开始菜单中建立快捷方式。还有的软件设置了"绿色安装"，如Foobar2000 0.8.3.1209 汉化增强版就是一例。

注意：

软件安装多了，开始菜单会变得很杂乱，我们可以给这些快捷方式分分类，分别放到相应的文件夹中。打开<C:\Documents and Settings\用户名\「开始」菜单\程序>文件夹，在程序文件夹中建立若干个子文件夹，分别命名为：下载软件、聊天软件、影音播放软件、网页浏览软件、办公软件等等。然后打开"开始→所有程序"，就可以看到刚才建立的文件夹的名字了，现在只要用鼠标将开始菜单中软件的快捷方式图标拖到相应的文件夹中就行了。

② 安装给谁使用

我们在Windows 2000/XP系统中安装软件时，很多时候都会遇到这样的询问：是安装给本机所有用户使用，还是只给自己使用，这时就要根据需要进行选择。

③ 是否安装一些插件

在安装软件时，有的会附带不少插件，是否安装呢？这时要逐个看清楚。如在安装豪杰超级解霸3000英雄版时，它就提供了很多插件，该安装哪一个呢？我们可以在某个插件上单击一下，在右上角的"段内容说明"栏中就会出现相关内容，可以根据需要进行安装。安装插件不要太多，用不到的，就不要装。

3.免费午餐，看准了吃

许多免费软件、共享软件，都会捆绑一些其他软件，如3721上网助手、网络实名等，还有的软件会更改IE主页，如以前有段时间在安装万能五笔2004 EXE外挂高级6.2版时，它会弹出一个窗口，告诉你每次启动万能五笔时，会将www.265.com设置为IE浏览器的主页，如果你不同意的话，就不要安装了。大多数软件在安装时，会在窗口中出现选项，让我们来决定是否安装。可也有少数流氓软件，根本不和你商量，将捆绑的软件安装在了你的电脑中，而你却被蒙在鼓里。

4.汉化软件安装有技巧

面对一款英文软件，我们最大的愿望就是把它变成中文界面，但在安装汉化补丁时也有技巧。

（1）从信任站点下载汉化补丁

要从信任的站点下载汉化补丁，否则极有可能会感染病毒或者驻留木马。

（2）先关闭原版再安装汉化补丁

有的软件在安装后就启动了（或启动了部分组件），此时必须关闭相应的原版软件或组件，再运行汉化补丁。

（3）有时可只安装汉化版

有的软件不用安装原版，只安装汉化版就可使用。如：EmEditor Pro 4.09汉化版。

（4）安装中文语言包

有的软件安装好英文版后，将中文语言包拷贝到它的安装目录中的Lang文件夹中，再打开原版软件，在软件中进行设置即可，如Ad-aware。

5.重装系统，不要急于安装软件

绿色软件是最好的，无需安装可直接使用。如WinRAR、GreenBrowser、Maxthon（MyIE2）、QQ等。如果你平常都是将软件安装在非系统分区，那么当你的系统崩溃，将系统分区格式化重装后，不要急于重装软件，不妨到软件安装文件夹中，将各个软件打开试试，只要能打开正常使用即可，不必再安装了。

6.多操作系统中软件的安装

如果我们的电脑中安装了多个操作系统，有的软件在一个系统安装后可以使用，但在另一个系统中却无法使用，必须再装一遍，如Microsoft Office等。有的安装只安装一遍，在各个系统中都能用。还有的软件，如Flash MX、金山词霸2005等，在一个操作系统里安装了，在另一个系统里使用时，只要输入序列号就能使用。

7.注意那些会自动安装的软件

现在也有一些软件，根本不用你去安装，它自己会自动安装到你的电脑中，甚至你自己还不知道，如一些间谍软件，它们就是在你上网浏览网页的时候，偷偷安装到你的硬盘中的，让你防不胜防，必须注意查看。

8. 软件也会老

为了特殊的需要，你可能要安装较老的程序，但是很有可能程序会提示无法安装。此时可以试着将日期改到前几年（与该软件出来时间差不多），安装完成后再改回现在的日期即可。

9. 生存环境要合适

下载软件时，一定要看清它的安装运行环境，是否能在你的电脑中安装。比如你的电脑是Windows 98，那么在安装MSN Toolbar Suite Beta时就会弹出一个对话框，告诉你：MSN Toolbar Suite Beta必须安装在Windows 2000 SP4以上的版本中。有的软件要NET Framework的支持，还有的则需要相应的操作系统的支持。

10. 必要保留较新文件

有的软件安装时，会弹出提示，意思是：正在复制的文件比计算机当前的文件还旧，建议保留现有文件，这时最好选择保留。

11. 受限用户另法安装软件

当我们安装软件时，有时会弹出一个对话框，如在安装Windows Media Player 10时，就出现了一个对话框。这是因为我们使用的是受限账户。当出现这种情况后，一种方法就是注销当前账户，然后以管理员帐户登录就能解决了。如果你知道管理员账户和密码的话，直接在要安装的软件上右击，在弹出的快捷菜单中单击"运行方式"，随即弹出一个"运行身份"窗口，在该窗口中选中"下列用户"，然后选择管理员账户，并输入密码，最后单击"确定"即可。

12. 条件要优厚

如在安装亢天防黑墙时，就会提示缺少VB运行库，只要在网上下载一个即可。再如在Windows 98中安装88data时，会提示"找不到所需的.DLL文件 QUERY.DLL"。

13. 老马识途 先旧后新省注册

有时安装软件的旧版本，用注册号注册，再升级，往往就不需要再注册，而如果直接安装新版本，则老版本的注册号无效。

14. 时刻保持最新

有的软件安装后有让用户从其主页上下载更新的选项，如Hotkeyboard XP。

# 行动：使用多媒体，事半功倍

### 活动一：使用金山词霸学外语

曾在国外就读中学的张涵在国内上大学常常为记不起汉字,为书写而苦恼,而王磊却为与国外联系时记不起英文单词而犯愁,解决他俩的问题,金山词霸是极好的工具。在你的电脑上安装"金山词霸"学习英语,试试看效果如何。

提示：

金山词霸是一部功能强大的电子词典,其基本功能包括："屏幕取词"、"词典查询"、"用户字典"三大部分。根据针对性的不同,目前金山词霸分三个版本：标准版针对普通用户,内容多达1700万字；企业经贸专业版针对企业用户及经贸工作者,内容多达3500万字；通译科技专业版提供23套专业词库,词汇量多达400万条。

金山词霸光盘带有自动运行程序,只要将载有金山词霸的光盘放入光驱,选择"安装"项即可自动执行安装程序。金山词霸安装成功后,在"开始"菜单的"程序"组里会多出一个"金山词霸"程序组,单击其中的"金山词霸"项,即可运行金山词霸系统,此时在任务栏上会多出一个"金山词霸"小图标。

#### 一、屏幕取词

缺省情况下,金山词霸进入屏幕取词状态,这时,如果你将鼠标指针移到屏幕任意位置的英文单词上,即会出现一个浮动小窗口,其中显示有该单词的词义解释。金山词霸除了可以进行英文单词释义外,还可以进行中英文的互译,将鼠标指针放到中文文字上,在浮动窗口里就会显示与该中文词语相应的英文单词。

#### 二、功能按钮

缺省情况下,浮动小窗口的左上方会有四个按钮,单击第一个按钮立即进入金山词霸的词典查询窗口,显示当前查询单词的最详细解释；单击第二和第三个按钮可显示单词表中当前单词的上一个和下一个单词的词义。而单击最后一个按钮会读出该单词的标准发音。

#### 三、取消屏幕取词功能

当我们不再需要屏幕取词功能时,可选择主菜单中的"暂停取词"功能命令取消它,也可直接双击屏幕取词窗口暂停取词功能。

### 四、词典查询

在工作和学习中，如果遇到需要翻译或查找词义的单词，可以用鼠标左键单击任务栏中的金山词霸图标，直接进入词典窗口进行查询。

首先输入想要查询的单词，回车确认后，列表框就会显示该单词不同解释和词组的列表，而右侧单词解释框内会显示包括词源、释义、词性变化、动词短语、例句、用法以及相关词汇的所有详细内容。

### 五、汉英互译

汉英互译的过程也很类似，只是不用按回车键，汉语查询由于加入了两个检字表，即既可利用拼音也可使用部首偏旁进行查询，所以检索起来很方便。

### 六、添加新词

对于金山词霸中没有收录的单词，浮动窗口中将会显示"没找到"的提示信息。这时，你可以使用金山词霸的"用户字典"功能添加新词。

小结：金山词霸作为一个优秀的词典翻译软件正受到越来越多的人的欢迎，对于英文不太好的学习者，它能帮上你的大忙。

### 活动二：明明白白安装软件　清清楚楚使用电脑

情景一：同事小李家买电脑近一年了，最近安装软件总是提示空间不足，我一看，发现5GB的C分区已所剩无几，C分区根目录下的文件夹和文件排得密密麻麻，Program Files文件夹中更是密不透风。

情景二：

"某某软件是什么时候安装的？"

"我不知道啊"。

连小李自己都不知道什么时候安装了这个软件，你觉得很奇怪吗？其实一点也不稀奇。

你会合理安装电脑软件吗？

想一想：

1.同事小李的问题在哪里？

2.一路单击"下一步"按钮，这样确实省事，但合理吗？

**评估：你能熟练选择和使用媒体吗？**

学完了本节内容，现在看看你是否能较熟练地选择和使用媒体，下面请你认真思考这样几个问题：

1. 你能熟练使用Explore浏览器、E-mail、BBS论坛、聊天室等工具进行学习吗？

2. 你可以利用哪些媒体进行学习？

3. 你能熟练地利用校园网学习吗？

**作业目的：**

检查你是否掌握了主要的先进媒体进行学习，其中包括知道这些媒体的主要功能、怎样获取和选择这些媒体、怎样利用这些媒体进行学习，总结每一种学习媒体的利弊等。

# 单元综合练习

### 活动一：发现晁盖的死因

你一定读过《水浒传》，书上说晁盖中史文恭的毒箭而死。那么到底是不是这样呢？请用发现法读原文，思考文后的问题。

故事梗概：

段景住盗得一疋好马，欲献与头领，不期被曾家五虎夺去。曾家五虎发愿说与梁山势不两立，定要捉尽山寨中头领，扫荡梁山，捉拿晁盖上东京，生擒及时雨，活捉智多星。

晁盖大怒，发誓攻打曾头市，宋江苦谏不听。晁盖点头领二十一人，率领三军人马下山，征进曾头市。启程时，忽起一阵狂风把晁盖新制的认旗半腰吹折。众人见了，尽皆失色。晁盖不听吴用、宋江劝谏。晁盖领着五千人马，二十个头领，来到曾头市对面下了寨栅。曾家第四子曾魁高声喝道："你等是梁山泊反国草寇，我正要来拿你解官请赏！如何不下马受缚，更待何时？"一场大战，不分胜败。次日再战，曾涂指着对阵骂道："反国草寇，见俺陷车么？我曾家府里，杀死你的不算好汉。我一个个直要捉你活的，载装陷车里，解上东京，碎尸万段。你们趁早纳降。"晁盖听了大怒，挺枪出马，直奔曾涂。收兵回寨。第四日，忽有两个和尚假装投拜，骗晁盖劫寨。不到百十步，只见四下里金鼓齐鸣，喊声振地，一望都是火把。晁盖众将引军夺路而走。才转得两个湾，撞出一彪军马，当头乱箭射将来。不期一箭，正中晁盖脸上，倒撞下马来。却得呼延灼、燕顺两骑马，死拼将去。背后刘唐、白胜，救得晁盖上马，杀出村中来。村口林冲等，引军接应，刚才敌得住。两军混战，直杀到天明，各自归寨。林冲回来点军时，三阮、宋万、杜迁水里逃得性命。带出去二千五百人马，止剩得一千二三百人，跟着欧鹏，都回到帐中。众头领且来看晁盖时，那枝箭正射在面额上。急拔得箭出，血晕倒了。看那箭时，上有"史文恭"字。林冲叫取金枪药敷贴上。原来却是一枝药箭。晁盖中了箭毒，已自言语不得。林冲叫扶上车子，便差三阮、杜迁、宋万，先送回山寨。其余十五个头领，在寨中商议："今番晁天王哥哥下山来，不想遭这一场，正应了风折认旗之兆。我等只可收兵回去。这曾头市急切不能取得。"呼延灼道："须等宋公明哥哥将令来，方可回军。"

当晚二更时分，四五路军马杀来，呐喊到寨前，且战且退，方才得脱，引军回到水浒寨。晁天王饮食不进，浑身虚肿。当日夜至三更，晁盖身体沉重，转头看着宋江，嘱付道："贤弟保重。若那个捉得射死我的，便叫他做梁山泊主。"言罢，便暝目而死。林冲与公孙胜、吴用并众头领，商议立宋公明为梁山泊主，宋江道："却乃不可忘了晁天王遗言。临死时嘱道：'如有人捉得史文恭者，便立为梁山泊主。'此话众头领皆知，亦不可忘了。又不曾报得仇，雪得恨，如何便居得此位？"吴用又劝，宋江才坐了第一把椅子。

运用发现法求异质疑，回答下列问题：

1. 你有没有发现情节矛盾和用笔隐晦的地方？
2. 你是如何发现这些问题的？
3. 你能同意以上结论吗？
4. 在SOHU网站的论坛上，与网友就此问题展开讨论。

**活动二：** 结合自我学习的实践，谈谈如何在学习中充分运用自主学习的策略。

**活动三：** 根据你的生物节律做一份工作与学习的周作息时间表，并坚持按时间安排工作或学习一个月，相信你一定会有惊人的收获。

**活动四：** 下面这篇文章介绍了在美国的小孩的学习方法，分析一下，对照自己，谈谈感受。

·资料·

## 美国人竟然这样教育小学生
### ——体会中美基础教育差异
作者：高　钢

当我把九岁的儿子带到美国，送他进那所离公寓不远的美国小学的时候，我就像是把自己最心爱的东西交给了一个我并不信任的人去保管，终日忧心忡忡。这是一种什么样的学校啊！学生可以在课堂上放声大笑，每天至少让学生玩二个小时，下午不到三点就放学回家，最让我大开眼界的是没有教科书。

那个金发碧眼的美国女教师看见了我儿子带去的中国小学四年级课本后，温文尔雅地说："我可以告诉你，六年级以前，他的数学不用学了！"面对她充满善意的笑脸，我就像挨了一闷棍。一时间，真怀疑把儿子带到美国来是不是干了一生最蠢的一件事。

日子一天一天过去，看着儿子每天背着空空的书包兴高采烈地去上学，我的心就止不住一片哀伤。在中国，他从小学一年级开始，书包就满满的、沉沉的，从一年级到四年级换了三个书包，一个比一个大，让人感到"知识"的重量在增加。而在美国，他没了负担，这能叫上学吗？一个学期过去了，把儿子叫到面前，问他美国学校给他最深的印象是什么，他笑着给我一句美国英语："自由！"这两个字像砖头一样拍在我的脑门上。

此时，真是一片深情怀念中国教育。似乎更加深刻地理解了为什么中国孩子老是能在国际上拿奥林匹克学习竞赛的金牌。不过，事已至此，只能听天由命。

不知不觉一年过去了，儿子的英语长进不少，放学后也不直接回家了，而是常去图书馆，不时就背回一大书包的书来。问他一次借这么多书干什么，他一边看着借来的书一边打着电脑，头也不抬地说："作业。"

这叫作业吗？一看孩子打在电脑屏幕上的标题，我真有些哭笑不得——《中国的昨天和今天》，这样大的题目，即使是博士，敢去做吗？

于是我严声厉色地问是谁的主意，儿子坦然相告：老师说美国是移民国家，让每个同学写一篇介绍自己祖先生活的国度的文章。要求概括这个国家的历史、地理、文化，分析它与美国的不同，说明自己的看法。我听了，连叹息的力气也没有了，我真不知道让一个十岁的孩子去做这样一个连成年人也未必能做的工程，会是一种什么结果？只觉得一个十岁的孩子如果被教育得不知天高地厚，以后恐怕是连吃饭的本事也没有了。

过了几天，儿子就完成了这篇作业。没想到，打印出来的是一本二十多页的小册子。从九曲黄河到象形文字，从丝路到五星红旗……热热闹闹。我没赞成，也没批评，因为我自己有点发愣，一是因为我看见儿子把这篇文章分出了章与节；二是在文章最后列出了参考书目。我想，这是我读研究生之后才运用的写作方式，那时，我三十岁。

不久，儿子的另一篇作文又出来了。这次是《我怎么看人类文化》。如果说上次的作业还有范围可循，这次真可谓不着边际了。儿子真诚地问我："饺子是文化吗？"为了不耽误后代，我只好和儿子一起查阅权威的工具书。费了一番气力，我们完成了从抽象到具体又从具体到抽象的反反复复的折腾，儿子又是几个晚上坐在电脑前煞有介事地做文章。我看他那专心致志的样子，不禁心中苦笑，一个小学生，怎么去理解"文化"这个内涵无限丰富而外延又无法确定的概念呢？但愿对"吃"兴趣无穷的儿子别在饺子、包子上大作文章。在美国教育中已经变得无拘无束的儿子无疑是把文章做出来了，这次打印出来的是十页，又是自己的封面，文章后面又列着一本本的参考书。他洋洋得意地对我说："你说什么是文化？其实超简单——就是人创造出来让人享受的一切。"那自信的样子，似乎发现了别人没能发现的真理。后来，孩子把老师看过的作业带回来，上面有老师的批语："我安排本次作业的初衷是让孩子们开阔眼界，活跃思维，而读他们作业的结果，往往使我进入了我希望孩子们进入的境界。"我问儿子这批语是什么意思。

儿子说，老师没为我们感到骄傲，但是她为我们感到震惊。"是不是？"儿子问我。

我无言以对，我觉得这孩子怎么一下子懂了这么多事。再一想，也难怪，连文化的题目都敢作的孩子，还有什么不敢断言的事吗。

儿子六年级快结束时，老师留给他们的作业是一串关于"二次世界大战"的问题。"你认为谁对这场战争负有责任？""你认为纳粹德国失败的原因是什么？""如果你是杜鲁门总统的高级顾问，你将对美国投放原子弹持什么态度？""你是否认为当时只有投放原子弹一个办法去结束战争？""你认为今天避免战争的最好办法是什么？"——如果是两年前，见到这种问题，我肯定会抱怨：这哪里是作业，分明是竞选参议员的前期训练！而此时，我已经能平心静气地寻思其中的道理了。

学校和老师正是在这一个个设问之中，向孩子们传输一种人道主义的价值观，引导孩子们去关注人类的命运，让孩子们学习思考重大问题的方法。这些问题在课堂上都没有标准答案，它的答案，有些可能需要孩子们用一生去寻索。看着十二岁的儿子为完成这些作业兴致勃勃地看书查资料的样子，我不禁想起当年我学二战史的样子，按照年代事件死记硬背，书中的结论明知迂腐也当成《圣经》去记，不然，怎么通过考试去奔光明前程呢？此时我在想，我们在追求知识的过程中，重复前人的结论往往大大多于自己的思考。而没有自己的思考，就难有新的创造。

儿子小学毕业的时候，已经能够熟练地在图书馆利用电脑和微缩胶片系统查找他所需要的各种文字和图像资料了。有一天，我们俩为狮子和豹的觅食习性争论起来。第二天，他就从图书馆借来了美国国家地理学会拍摄的介绍这种动物的录像带，拉着我一边看，一边讨论。孩子面对他不懂的东西，已经知道到哪里去寻找答案了。

儿子的变化促使我重新去看美国的小学教育。我发现，美国的小学虽然没有在课堂上对孩子们进行大量的知识灌输，但是他们想方设法把孩子的目光引向校外那个无边无际的知识海洋，他们要让孩子知道，生活的一切时间和空间都是他们学习的课堂；他们没有让孩子去死记硬背大量的公式和定理，但是，他们煞费苦心地告诉孩子怎样去思考问题，教给孩子们面对陌生领域寻找答案的方法；他们从不用考试把学生分成三六九等，而是竭尽全力去肯定孩子们的一切努力，去赞扬孩子们自己思考的一切结论，去保护和激励孩子们所有的创作欲望和尝试。

有一次，我问儿子的老师："你们怎么不让孩子背记一些重要的东西呢？"老师笑着说："在人的创造能力中有两个东西比死记硬背更重要：一个是他要知道到哪里去寻找所需要的比他能够记忆的多得多的知识；再一个是他综合使用这些知识进行新的创造的能力。死记硬背，就不会让一个人知识丰富，也不会让一个人变得聪明，这就是我的观点。"

我不禁记起我的一个好朋友和我的一次谈话。他学的是天文学，从走进美国大学研究所的第一天起，到拿下博士学位的整整五年，他一直以优异的成绩享受系里提供的优厚奖学金。他曾对我说："我觉得很奇怪，要是凭课堂上的学习成绩拿奖学金，美国人常常不是中国人的对手，可是一到实践领域，搞点研究性题目，中国学生往往没有美国学生那么机灵，那么富有创造性。"我想，他的感受可能正是两种不同的基础教育体系所造成的人之间的差异。中国人太习惯于在一个划定的框子里去施展拳脚了，一旦失去了常规的参照，对不少中国人来说感到的可能往往并不是自由，而是慌恐和茫然。

我常常想到中国的小学教育，想到那些课堂上双手背后坐得笔直的孩子们，想到那些沉重的课程、繁多的作业、严格的考试……它让人感到一种神圣与威严的同时，也让人感到巨大的压抑和束缚，但是多少代人都顺从着它的意志，把它视为一种改变命运的出路。这是一种文化的延续，它或许有着自身的辉煌，但是面对需要每个人发挥创造力的信息社会，面对明天的世界，我们又该怎样审视这种孕育了我们自身的文明呢？

中

# 第六单元 反馈评估效果

## 能力培训测评标准

在反馈和评估学习效果时——

通过相关人员的支持，检查你的学习进度，证明你取得的成果，以及如何将已经学到的东西用于新的工作任务。

在检查学习进度和成果时，通过教练、培训教师和职业指导等人员的帮助，能够：

1.拿出你已经学到的专业课程、技能，包括核心能力和业余兴趣。

2.指出你应用的资料、学习方式和学习成功的经验。

3.分析影响学习效果的因素。

4.通过行动要点审核、工作评价和考试，指出你已经实现了的学习目标。

5.证明新学到的东西能用于你的工作任务。

6.说明进一步提高你的工作质量和工作方法的学习方式。

（摘自《国家职业核心能力培训测评标准〈自我学习能力单元〉》中级）

善于总结分析自己在学习中的经验与得失，不仅会提高学习的效率，同时还能使你在学习中做到举一反三。

在中级"反馈与评估学习效果"活动阶段，包括四个基本的能力点：

1.自我评估总结。能展示自己的学习结果，自述自己的学习方式和成功的经验。

2.分析原因现状。能通过行动要点的审核或考试自述实现的目标。

3.运用学习成果。能分析影响学习效果的因素。

4.不断改进学习。能证明学习的东西在工作或生活中的应用，进而提出有利于提高工作质量的学习方式。

  本单元将围绕自我总结与反馈，重点训练两个方面的内容，第一节学会判断自己的学习风格和总结学习经验的方法；第二节重点帮助你从智力与非智力因素方面分析影响自己学习效果的原因，掌握自我激励、质疑提问等提高学习效能的方法，不断改进自己的学习方式。

# 第十五节　自我总结　评估认知

## 目标：学海无涯"乐"作舟

学习是人们终身的行为，人们出于不同的目的和需求，需要不断地学习。过去，我们往往强调刻苦学习，"学海无涯苦作舟"，不错，学习需要下功夫，需要有毅力。但学习不是阶段性的任务，一辈子的学习不能只是一个"苦"字，一定要在愉快的过程中才能使人享受学习带来的乐趣、幸福。要使学习成为生命中快乐的历程，关键是要学得得法，能愉快地迎接各种学习和考试。因此，你要具有学习能力，了解自己的学习方式、学习风格，学会评估自己的学习特征，总结自己的成功经验和失败的教训，自主学习，学得明白。

通过本节的学习和训练，你将能够：

1. 学会判断自己的学习风格。

2. 自述自己的学习方式和成功经验。

> 未来的文盲就是那些没有学会怎样学习的人。
> ——联合国教科文组织

## 任务：了解学习风格，总结成功经验

稍微留意一下，你就会发现自己和别人在学习风格上存在着差异。有的人善于思索，从生活体验中归纳总结，一日三省其身，在回顾中提高；有的人博览群书，从书籍中以及和他人的交流中获取经验；还有的人在行动中总结，在工作中提高。你是如何学习的？你的学习风格是什么，它们对你的成功有什么影响？视觉、听觉或触觉学习类型中，你属于哪一类？你的学习形式是否考虑了自己的个性，形成了个人风格？

请思考下面几个问题：

1. 假如一个朋友在教你使用电脑软件，你是想先知道大概的意思，还是想先知道每一个细节。

2. 在你了解细节的时候，你是要求你的朋友讲慢点还是迫不及待地等待开始，你是否在他教你时记下步骤，你是否在他教你时自己动手做？

3. 当你得到一个新的电器时，你是先仔细阅读使用说明书，还是

请考虑：

1. 你是如何学习的？

2. 你能说出你学习的成功经验吗？

151

自己动手，或是请人教你？

透过这些问题，你会把握自己的学习风格。

# 准备：自我评估学习风格

在第十二节，我们介绍了所罗门对个人学习风格的分类，分为4个组对8种类型：活跃型与沉思型、感悟型与直觉型、视觉型与言语型、序列型与综合型，他设计了具有很强操作性的学习风格量表——《学习风格自测问卷表》。这个量表是教育领域比较权威的一种测试方法，它能够告诉你自己最主要的学习风格是哪种。下面是测量的内容：

1.为了较好地理解某些事物，我首先
　　(a)试试看。
　　(b)深思熟虑。

2.我办事喜欢
　　(a)讲究实际。
　　(b)标新立异。

3.当我回想以前做过的事，我的脑海中大多会出现
　　(a)一幅画面。
　　(b)一些话语。

4.我往往会
　　(a)明了事物的细节但不明其总体结构。
　　(b)明了事物的总体结构但不明其细节。

5.在学习某些东西时，我不禁会
　　(a)谈论它。
　　(b)思考它。

6.如果我是一名教师，我比较喜欢教
　　(a)关于事实和实际情况的课程。
　　(b)关于思想和理论方面的课程。

7.我比较偏爱的获取新信息的媒体是
　　(a)图画、图解、图形及图像。
　　(b)书面指导和言语信息。

8.一旦我了解了
　　(a)事物的所有部分，我就能把握其整体。
　　(b)事物的整体，我就知道其构成部分。

9.在学习小组中遇到难题时，我通常会

(a)挺身而出，畅所欲言。

(b)往后退让，倾听意见。

10.我发现比较容易学习的是

(a)事实性内容。

(b)概念性内容。

11.在阅读一本带有许多插图的书时，我一般会

(a)仔细观察插图。

(b)集中注意文字。

12.当我解决数学题时，我常常

(a)思考如何一步一步求解。

(b)先看解答，然后设法得出解题步骤。

13.在我修课的班级中

(a)我通常结识许多同学。

(b)我认识的同学寥寥无几。

14.在阅读非小说类作品时，我偏爱

(a)那些能告诉我新事实和教我怎么做的东西。

(b)那些能启发我思考的东西。

15.我喜欢的教师是

(a)在黑板上画许多图解的人。

(b)花许多时间讲解的人。

16.当我在分析故事或小说时

(a)我想到各种情节并试图把他们结合起来去构想主题。

(b)当我读完时只知道主题是什么，然后我得回头去寻找
有关情节。

17.当我做家庭作业时，我比较喜欢

(a)一开始就立即做解答。

(b)首先设法理解题。

18.我比较喜欢

(a)确定性的想法。

(b)推论性的想法。

19.我记得最牢的是

(a)看到的东西。

(b)听到的东西。

20.我特别喜欢教师

(a)向我条理分明地呈示材料。

(b)先给我一个概貌，再将材料与其他论题相联系。

21. 我喜欢
    (a)在小组中学习。
    (b)独自学习。

22. 我更喜欢被认为是
    (a)对工作细节很仔细。
    (b)对工作很有创造力。

23. 当要我到一个新的地方去时，我喜欢
    (a)要一幅地图。
    (b)要书面指南。

24. 我学习时
    (a)总是按部就班，我相信只要努力，终有所得。
    (b)我有时完全糊涂，然后恍然大悟。

25. 我办事时喜欢
    (a)试试看。
    (b)想好再做。

26. 当我阅读趣闻时，我喜欢作者
    (a)以开门见山的方式叙述。
    (b)以新颖有趣的方式叙述。

27. 当我在上课时看到一幅图，我通常会清晰地记着
    (a)那幅图。
    (b)教师对那幅图的解说。

28. 当我思考一大段信息资料时，我通常
    (a)注意细节而忽视概貌。
    (b)先了解概貌而后深入细节。

29. 我最容易记住
    (a)我做过的事。
    (b)我想过的许多事。

30. 当我执行一项任务时，我喜欢
    (a)掌握一种方法。
    (b)想出多种方法。

31. 当有人向我展示资料时，我喜欢
    (a)图表。
    (b)概括其结果的文字。

32. 当我写文章时，我通常
    (a)先思考和着手写文章的开头，然后循序渐进。
    (b)先思考和写作文章的不同部分，然后加以整理。

33. 当我必须参加小组合作课题时，我要

(a)大家首先"集思广益"，人人贡献主意。

(b)各人分头思考，然后集中起来比较各种想法。

34. 当我要赞扬他人时，我说他是

(a)很敏感的。

(b)想象力丰富的。

35. 当我在聚会时与人见过面，我通常会记得

(a)他们的模样。

(b)他们的自我介绍。

36. 当我学习新的科目时，我喜欢

(a)全力以赴，尽量学得多学得好。

(b)试图建立该科目与其他有关科目的联系。

37. 我通常被他人认为是

(a)外向的。

(b)保守的。

38. 我喜欢的课程内容主要是

(a)具体材料（事实、数据）。

(b)抽象材料（概念、理论）。

39. 在娱乐方面，我喜欢

(a)看电视。

(b)看书。

40. 有些教师讲课时先给出一个提纲，这种提纲对我

(a)有所帮助。

(b)很有帮助。

41. 我认为只给合作的群体打一个分数的想法

(a)吸引我。

(b)不吸引我。

42. 当我长时间地从事计算工作时

(a)我喜欢重复我的步骤并仔细地检查我的工作。

(b)我认为检查工作非常无聊，我是在逼迫自己这么干。

43. 我能画下我去过的地方

(a)很容易且相当精确。

(b)很困难且没有许多细节。

44. 当在小组中解决问题时，我更可能是

(a)思考解决问题的步骤。

(b)思考可能的结果及其在更广泛的领域内的应用。

对于上表的测评结果，所罗门有一个《学习风格分析表》，测试时，把答案4个一组排下来，看每一列里 a 多，还是 b 多。以此判断自己的学习风格类型。具体方法是：

1.在下表适当的地方填上"1"（例：如果你第3题的答案为 a，在第3题的 a 栏填上"1"；如果你第15题的答案为 b，在第15题的 b 栏填上"1"）。

2.计算每一列总数并填在总计栏地方。

3.这4个量表中每一个，用较大的总数减去较小的总数，记下差值（1到11）和字母（a 或 b）。例如：在"活跃型/沉思型"中，你有4个"a"和7个"b"，你就在那一栏的最后一行写上"3 b"（3=7-4，并且因为 b 在两者中最大）；又如若你在"感悟型/直觉型"中，你有8个"a"和3个"b"，则在最后一栏记上"5 a"。

表6-1　学习风格分析表

| 活跃型/沉思型 | | | 感悟型/直觉型 | | | 视觉型/言语型 | | | 序列型/综合型 | | |
|---|---|---|---|---|---|---|---|---|---|---|---|
| 问题 | a | b | 问题 | a | b | 问题 | a | b | 问题 | a | b |
| 1 | | | 2 | | | 3 | | | 4 | | |
| 5 | | | 6 | | | 7 | | | 8 | | |
| 9 | | | 10 | | | 11 | | | 12 | | |
| 13 | | | 14 | | | 15 | | | 16 | | |
| 17 | | | 18 | | | 19 | | | 20 | | |
| 21 | | | 22 | | | 23 | | | 24 | | |
| 25 | | | 26 | | | 27 | | | 28 | | |
| 29 | | | 30 | | | 31 | | | 32 | | |
| 33 | | | 34 | | | 35 | | | 36 | | |
| 37 | | | 38 | | | 39 | | | 40 | | |
| 41 | | | 42 | | | 43 | | | 44 | | |
| 总计 | | | 总计 | | | 总计 | | | 总计 | | |
| （较大数－较小数）+ 较大数的字母 | | | | | | | | | | | |
| | | | | | | | | | | | |

每一种量表的取值可能为11a、9a、7a、5a、3a、a、11b、9b、7b、5b、3b、b中的一种。其中字母代表学习风格的类型不同，数字代表程度的差异。若得到字母"a"，表示属于前者学习风格，且"a"前的系数越大，表明程度越强烈；若得到字母"b"，表示属于后者学习风格，且"b"前的系数越大，同样表明程度越强烈。

例如：在活跃型/沉思型量表中得到"9a"，表明你属于活跃型的学习风格，且程度很强烈；如果得到"5b"，则表明你属于沉思型的学习风格，且程度一般。在视觉型/言语型量表中得到"a"，表明你属于视觉型的学习风格，且程度非常弱；如果得到"3b"，则表明你属于言语型的学习风格，且程度较弱。

# 行动：分析你的学习风格

**活动一：** 自测学习风格，全面分析自己

对照所罗门的《学习风格自测量表》，测评一下自己的风格类型。完成下列思考题：

1.在四种学习类型中，你的哪种学习风格强：

信息加工方面：活跃型（　　　）沉思型（　　　）

信息感知方面：感悟型（　　　）直觉型（　　　）

信息输入方面：视觉型（　　　）言语型（　　　）

信息理解方面：序列型（　　　）综合型（　　　）

2.分析一下你在学习风格上的优势是什，缺陷是什么？

3.在以后的学习中怎样克服风格上的弱点？

**活动二：** 运用"精加工的学习策略"分析小秦做笔记的质量

---

**·案例·**

　　每个人都想借小秦的笔记，如果他们错过了一次课，或者他们在课上走神了，他们能够通过小秦的笔记知道课堂上的内容。她在课堂上飞快地记笔记，好像是以一种清楚、慎重的方式写下了老师所说的每个词句。奇怪的是，无论她的笔记有多丰富，小秦仅仅是班里的一个中等生，在考试前她彻底地学习笔记，但是看起来她的成绩永远不能达到良好，她不知道这是为什么，特别是当她看到自己那么专业的笔记记录时。

（摘自美国R.S.费尔德曼著/刘蓉华译《POWER学习法》）

---

想一想：

1.如何看待小秦对于"好的笔记"的定义？

2.为什么小秦的笔记记录方法不好？

3.如果小秦在下课后及时总结老师的思路，结果又会怎么样？

4.你认为小秦是否会在下课后评估她的笔记？你认为她是否会复习这些笔记？

5.你会给小秦一些什么样的建议？

**案例评析：**

记笔记是我们的基本学习方法和基本能力之一，不管你是在校学习听课，还是在工作中接受信息，如听报告、听讲座、阅读自学等等，好的笔记永远是自己学习和记忆的好帮手。

首先，好的笔记记录的是认真听并摘取的重要信息，而不是写下所有听到的东西。

其次，只顾埋头写会干扰你的听讲和理解。在写之前要倾听并思考，琢磨老师讲解的信息。

再有，笔记应该是简练的短语而不是完整的长句子，可以以提纲的形式展现讲座的结构。

最后，在下课前，确定笔记完整并可以理解，在下课后尽可能快地、积极地复习你的笔记。

## 评估：你是否具有了自我评估学习风格的能力

学完了本节的内容，现在看看你是否具有了自我评估学习风格的能力。请你认真完成下列几个问题：

1. 拿出你已经学到的专业课程、技能，包括核心能力和业余兴趣。

2. 指出你应用的资料、学习方式和学习成功的经验。

3. 通过行动要点审核，工作评价和考试，指出你已经实现了的学习目标。

# 第十六节　分析原因 不断提高

## 目标：从见招拆招到整体提高

自我学习能力的提高是一个系统工程，不可能一蹴而就。前面我们介绍了自我学习风格认识与把握的知识和方法，掌握它有助于提高学习效果。除了风格类型外，学习效果的获得还在于这些风格的基本元素：智力因素和非智力因素的作用发挥问题。系统了解影响学习效果的心理原因，可以从见招拆招，逐步达到整体提高学习效果的目的。

通过本节的学习和训练，你将能够：

1. 较为全面地分析影响学习效果的智力因素和非智力因素。

2. 根据自身智力因素和非智力因素状况，制订提高自己学习能力的方案。

3. 调整学习心理，提出自己今后进一步努力的方向。

记住：

内因是事物变化发展的根据，外因是事物变化发展的条件，外因通过内因起作用。

中

## 任务：追求全"心"全"力"的学习境界

清代学者王国维，博学多才，治学严谨，勤于创作，著作颇丰。他曾提出著名的"治学三境界"说，王国维认为：古今之成大事业大学问者，无不经过三种境界："'昨夜西风凋碧树。独上高楼，望尽天涯路'。此第一境界也。'衣带渐宽终不悔，为伊消得人憔悴'。此第二境界也。'众里寻他千百度，蓦然回首，那人却在灯火阑珊处'。此第三境界也"。第一境界是：做学问成大事业者首先应该登高望远，鸟瞰路径，了解概貌，"望尽天涯路"；第二境界是：做学问成大事业不是轻而易举的，必须经过一番辛勤劳动的过程，"为伊消得人憔悴"，要像渴望恋人那样，废寝忘食，孜孜不倦，人瘦带宽也不后悔。第三境界是：经过刻苦努力，功到自然成。

王国维的"三境界说"实际上也是智力与非智力结合的学习境界，既有"独上高楼，望尽天涯路"的智力投入，也有"憔悴无悔"的意志配合，只有全心全力，才能成就大的学问，才能获得成功。

达到"踏破铁鞋无处寻，得来全不费功夫"的境界，是必须要"费功夫"的。

## 准备：了解智力与非智力因素结合的学习模式

影响学习效果的主要因素是智力因素和非智力因素。智力，是学习者学习的心理基础，它们的差异直接影响着学习效果的高低。智力因素包括观察力、注意力、记忆力、想象力、思维力等。非智力因素，指人的动机、兴趣、情感、意志、性格等方面，作为一个整体，对学习的作用主要表现在动力、定向、引导、维持、调节和强化等方面，而且这些方面是依次推进、密切联系的。

好的学习效果的取得需要智力因素与非智力因素相结合，上海燕国材先生提出过智力与非智力因素结合的学习模式，主要由六个部分组成：

### 一、创造气氛

1. **基本涵义** 学习者要调动自己全部心理活动的积极性，使情智进入学习准备状态。就是说，要创造这样一种学习气氛：学习者不仅可以接受知识信息，而且还乐于接受知识信息，智力与非智力因素结合，情智交融。

2. **具体方式** 学习者要了解某一学习的重大意义，既包括社会意义，也包括个人意义。可以暗示自己，在此次学习活动中，必将获得很多的趣味与快乐。也可以提醒自己，只要认真努力，一定能够取得成功。在开始学习前，可以听听音乐、哼哼歌曲，甚至闭目养神，以调适心情；回忆某些与此次学习有关的知识，乃至某一种曾激动人心的事件等。

3. **注意事项** 学习者要从自己当时的实际情况出发，切切实实去做，切勿流于形式。这一环节通常在学习前几分钟内进行，但不能让这种气氛局限在头几分钟内，而必须使良好的气氛自始至终，保持在整个学习进程之中。

### 二、确立目标

1. **基本涵义** 目标包括总体目标与具体目标，这里着重指后者。即学习者应根据自己的已有发展水平和客观可能性等，来确定每一次学习所要掌握的内容及其所要达到的标准。它既包含知识、技能具体的掌握程序，也包含智力、非智力因素的发展水平。

2. **具体方式** 首先，要对自己的知识技能、智力因素和非智力因素的水平与现状有所了解。其次，把握学习的总体目标，并据此提出每次学习的具体目标。最后，按照具体目标，制订相应的

> 在工作和学习潜力上，人与人之间的差别大致是：智力和特殊能力占50%—60%，勤奋刻苦和有效的学习方法占30%—40%，环境因素与机遇占10%—15%。

> 开始学习前，可以听听音乐、哼哼歌曲，甚至闭目养神，以调适心情。

学习计划。

3.注意事项 确立学习目标时，应注意处理好两对关系：总体目标与具体目标的关系；具体目标与现有水平的关系。其要求是，应使具体目标服从于总体目标；具体目标的确定要考虑现有水平，但又略高于它。这样才能有效地促进知识技能的掌握与智力、非智力因素的发展。

### 三、自我激励

1.基本涵义 每次学习的具体目标确定以后，学习者应以良好的心理状态，激发自己对特定内容的好奇心、求知欲、学习热情等，并使之转化为内在学习动机。同时，还要创设一定的外部条件，形成良好的学习气氛，以激发外在学习动机。

2.具体方式 自我激励的方式很多。主要有：分析每一次学习的意义，包括社会意义与个体意义，亦即认识其必要性与重要性。了解前次学习的结果，通过反馈来自我激励。利用想象来激励自己，如想象以前每次学习成功后喜悦的心情，使自己好像处于该次学习的具体情境之中，体验当时的感受，力求超越自己与超越他人等等。

3.注意事项 自我激励应当贯穿整个学习过程，而不要把它仅仅局限在本阶段之内；在自我激励的同时，不排斥他人激励。自我激励的过程中，应该将自我评价、期望与他人评价、期望结合起来。

> 自我激励应当贯穿整个学习过程。

### 四、仔细研读

1.基本涵义 对所要学习的内容进行认真、细致的阅读钻研，以获得一个详细、全面的认识。它是操作程序的主要组成部分，前面的"确立目标"、"自我激励"，最终都得落实到"仔细研读"这一步骤上来，而且研读的效果也直接影响到后面的几个学习步骤。

2.具体方式 首先要了解大意，在阅读的过程中掌握其核心内容。然后再逐段分析，从整体到局部，以掌握其具体的内容。最后是贯通全部，即把全文联系起来，以求融会贯通。

3.注意事项 一是研读应有针对性，要在重点、难点上多花些精力。二是在研读过程中要勤于思考，加深理解。三是对一些一时难以弄清楚的内容，应适当地做些记录，以备今后查找有关资料或向他人请教。

### 五、质疑提问

1.基本涵义 就是将仔细研读过程中所发现的问题，善于向自己或他人提出，并加以条分缕析，寻求问题的解决。

2.具体方式 可以互相讨论，以便集思广益，收到良好的学习效果。也可以向他人请教，请求他们的指点。还可以查阅参考文献、辅

导材料等。

**3.注意事项** 所提问题必须具体明确，切勿抽象笼统、模棱两可。与他人讨论问题时，应当以互尊、互助为基础，在和谐友好的气氛中进行。在向他人请教的过程中，必须保持虚心、诚恳的态度。

### 六、温习反馈

**1.基本涵义** 为了巩固并加深刚学过的知识技能，必须有计划地加以温习，及时反馈。这里所说的温习，包含有复习、练习和实习等几方面的涵义。反馈的主要意思是让自己了解学习的结果，以便扬长避短、补偏救失。而温习与反馈又是密不可分的，即通过温习收到及时反馈的效果，通过反馈以提高温习的成绩。

> 学而时习之。
> ——孔子

**2.具体方式** 大而言之，有上面所说的复习、练习和实习三大基本形式。小而言之，则可根据学习者本人的实际情况，灵活地采取适当的具体方式，如熟读、复述、反复阅读与尝试记忆相结合、自我测试、自我评估、整理学习笔记等等。

**3.注意事项** 温习既要经常，又要及时。反馈的主要目的是为了促进今后的学习，不应仅仅停留在对前阶段学习的评价上。温习反馈的具体方式与课程特点、学习者的知识经验、智力、非智力因素水平等相适应，不可千篇一律，流于形式。

## 行动：寻找走向成功之路

：分析蔡元培先生学习的成功与遗憾

---

**·案例·** **学界泰斗的自省**

蔡元培是我国著名学者、教育家，曾被毛泽东誉为"学界泰斗，人生楷模"。其治学经验当可著书立说，然而他却谈起自己的教训来："我自十余岁起，就开始读书，读到现在，将满六十年了。中间除大病或其他特别原因外，几乎没有一日不读点书的；然而我也没有什么成就，这是读书不得法缘故。……我的不得法，第一是不能专心：我最初读书的时候，读的都是旧书，不外乎考据词章两类。……然而以一物不知为耻，种种都读，并且算术书也读，医学书也读，都没有读通。所以我曾经想编一部《说文声系义证》，又想编一本《公羊春秋大义》，都没有成书。所为文辞，不但骈文诗词，没有一句可存的；就是散文，也太平凡了。到了四十岁以后，我始学德文，后来又学法文，我都没有好好儿坐那儿记生字，练文法的苦功。……在德国进大学听讲以后，哲学史、文学史、文明史、心理学、美术史、民族学，统统去听，那时候这几类的参考书，也就乱读起来了。后来，虽勉自收缩，以美学与美术史为主，辅以民族学；然而他类的书，终不能割爱. 所以想译一本《美学》，想编一部《比较的民族学》，也都没有成书……第二是不能动笔：我的读书，本来抱一种利己主义，就是书里的短处，我不大去搜寻他，我注意于我所认为有用的或可爱的材料，这本来不算坏；但是我的坏处就是……往往为这速读起见，无暇把这几点摘抄出来，或在书上做一点特别的记号，若是有时候想起来，除了德文书检目特详，尚易检录外，其他的书，几乎不容易寻到了。……我因从来懒得动笔，所以没有成就。"

（摘自《清华名师告诉你怎样学习》一书，原作者刘国生）

### 一、思考与讨论

1.蔡元培先生是学贯中西，功盖文坛，却仍能反思自己"读书不得法"，除了敬佩一代文化巨人谦逊的品质外，我们还可以从中感悟到什么？

2.蔡元培先生总结自己学习方面的不足"第一是不能专心"，"第二是不能动笔"，这些原因属于本节所讲的什么因素？

3.分析你的学习活动，有哪些因素影响了学习效果。

### 二、案例点评

蔡元培先生（1868—1940）是我国教育史上的一代宗师。他出身科举，却追求科学，早年留学国外，对西方的教育和文化有精深的研究。曾任北大校长，并被孙中山先生任命为南京临时政府第一任教育总长。他倡导科学救国，成为我国现代科学事业的奠基人，他先进的教育理念，对中国近代文化思想的发展产生过重要影响。

蔡元培一生贡献卓著，却仍然清醒地分析自己读书学习方面的不足，一方面显示出他胸怀的博大和品格高尚；另一方面也说明他很注重学习方法的总结改进。我们不光要勤于学习，也要善于学习，而善于学习就需要订立明确的目标，采取有效的措施，也需要经常对自己的学习活动"盘盘点"，看付出有多少，收益有多大，有无低效或无效劳动，有哪些因素对学习效果构成了影响，然后有针对性地加以改进，学习水平就会"更上一层楼"。

**活动二**：如何按照智力与非智力结合学习模式去学习英语

中国人自学英语确实是让人花费脑筋的问题，假如借鉴智力与非智力结合学习模式，应该怎样设计自己的学习呢？

请想想：

1. 创造气氛阶段：＿＿＿＿＿＿＿＿＿＿＿＿＿＿＿

＿＿＿＿＿＿＿＿＿＿＿＿＿＿＿＿＿＿＿＿＿＿＿。

2. 确立目标阶段：＿＿＿＿＿＿＿＿＿＿＿＿＿＿＿

＿＿＿＿＿＿＿＿＿＿＿＿＿＿＿＿＿＿＿＿＿＿＿。

3. 自我激励阶段：＿＿＿＿＿＿＿＿＿＿＿＿＿＿＿

＿＿＿＿＿＿＿＿＿＿＿＿＿＿＿＿＿＿＿＿＿＿＿。

4. 仔细研读阶段：＿＿＿＿＿＿＿＿＿＿＿＿＿＿＿

＿＿＿＿＿＿＿＿＿＿＿＿＿＿＿＿＿＿＿＿＿＿＿。

5. 质疑提问阶段：＿＿＿＿＿＿＿＿＿＿＿＿＿＿＿

＿＿＿＿＿＿＿＿＿＿＿＿＿＿＿＿＿＿＿＿＿＿＿。

6. 温习反馈阶段：＿＿＿＿＿＿＿＿＿＿＿＿＿＿＿

＿＿＿＿＿＿＿＿＿＿＿＿＿＿＿＿＿＿＿＿＿＿＿。

**提示：**

1. 各阶段的注意事项，一定要"注意"。

2. 要结合自己的实际情况进行设计和操作。

## 评估：你认为自己能够不断改进学习吗？

学完了本节内容，现在看看你是否掌握了从见招拆招到整体提高的要点。下面请你认真思考这样几个问题并试做一下第5题：

1. 你现在如何评估自己的整体智力和非智力程度？

2. 你在智力的五方面因素中，哪些方面较弱？你在非智力的因素中，哪些方面较弱？为什么？

3. 你在智力和非智力因素较弱的方面如何去改进？

4. 你想在智力和非智力因素较强的方面去改进吗？

5. 两个小时后，参照智力与非智力因素结合学习模式给自己设计个改进方案。

**作业目的：**

能够掌握智力因素与非智力因素的内容，学会用智力与非智力因素结合的学习模式制订改进方案。

# 单元综合练习

**活动一：** 参照下列计划模式，做一份自己追求卓越的训练计划

参考计划模式：

1.树立每天仅以一点点的时间，研究自己在哪些方面、用什么方法使自己每天进步一点点。

每天进步一点点的内容与方法是：

_____。

2.下定比任何人都努力的决心，抱着这种态度对待每天的学习和生活。

决心记录：

_____

_____。

3.树立无止境追求完美的观念，在学习和工作中养成这种习惯。

养成习惯的措施：

_____

_____。

4.选定一个竞争对手，研究他，并想方设法超越他。

选择的方案及措施：

_____

_____。

5..将自己的学习目标订出年计划、月计划和日计划，并努力实现计划。

月计划和日计划摘要：

_____

_____。

**活动二：** 结合你就业学习的具体实践，为自己做一份经验总结，分析一下你的优势在哪儿，不足是什么？由此是否可以判断你属于何种学习风格

高级

中级

初级

# 第七单元 明确目标途径

## 能力培训测评标准

在制订学习目标和计划过程中——

在相关人员的配合下，在一个更大的时间范围内，确定将要实现的目标及实施计划。

在确定学习目标时，能够：

1.根据各种信息和资源确定你要实现的目标及途径。

2.明确可能影响你的计划实现的因素，例如经费、健康和安全、机会、动力和其他条件。

3.与你的教练、培训教师、职业指导员以及合作者配合，共同确认你的目标在一定的时间内（如3个月）是可实现的。

4.制定每一个目标行动要点的时间表，列出你所需要的支持和合作（例如教师、教练和指导），以及对学习进度安排和检查的措施。

5.预计可能发生的困难以及在行动过程中可能发生的变化。

（摘自《职业核心能力培训测评标准〈自我学习能力单元〉》高级）

在我们的人生道路上，不管学习还是工作，也不管为了职业还是为了事业，我们都必须要有明确的奋斗目标，并且要有实现目标的具体步骤和措施。

现在我们进入自我学习能力训练高级阶段的学习和训练了。

在自我学习能力训练的第一个活动要素——"制订学习目标和计划"中，与前面初级和中级阶段一样，有三个基本的能力点：

1.明确目标途径。能够根据各种信息和资源确定要实现的目标与途径，明确可能影响计划实施的因素。

2.计划运筹时间。能与他人合作共同确定要实现的目标，制定每一个目标的行动要点时间表，列出需要的支持、合作、进度安排和检查的措施。

3.获取指导。能够预计可能发生的困难以及行动中可能发生的变化。

基于上述能力点，本单元旨在帮助你在人生学习道路上确定目标、把握方向、制订规划。本单元共两节，第一节你将学会如何确定自学目标、明确自学的方向和途径，其中，你会重点掌握影响目标实现的因素；第二节将针对如何制订详细的计划进行重点训练，你会学到如何确定实现目标的计划的原则和步骤，如何编写计划书。

为了使你能够在学习和职业发展的道路上走得更加稳健，让我们一起开始本单元的学习。

从来没有一个时代，像今天这样需要不断地、随时随地地、快速高效地学习。那种依靠在学校时学到的知识就可以应付一切的时代，已经一去不复返了！

——哈佛第二十六任校长 鲁登斯坦

# 第十七节 确定目标 终身学习

## 目标：明确学习目标和实现途径

人们把当今社会称为"知识爆炸的时代"，知识的更新日新月异。在这样一个竞争日益激烈的社会中，过去的一张文凭保终身，一个证书吃饱饭的时代已经过去。学习，终身学习，成为人们竞争致胜的法宝，学习学习再学习，提高提高再提高，已经是摆在每一个社会成员面前的现实问题。在这样一个大潮中，你要想很好地生存发展，就必须树立起终身学习的理念，建立自身的知识结构系统。

进入高级阶段的学习目标应该是终身学习。终身学习的目标设计要与人生的职业规划结合，按照自己的职业兴趣和自身条件、目前的专业倾向，来设计自己的人生学习规划。按职业目标的大致阶段来设计自己的学习方向，建构自己的知识和能力系统等等，这就是我们说的明确目标。终身学习的学习目标不同于初级阶段的具体目标，也不同于中级阶段的阶段目标，要注意适度长远，学习的内容要切合自己的职业发展，范围要适度宽些。

有了明确的学习目标，还应有实现目标的有效途径，这样才能有好的学习效果。

通过本节的学习和训练，你将能够：

1. 根据实际需要确定较长远的学习目标。

2. 根据学习目标选择有效途径。

> 形式上的学习生活虽然终结了，但你一辈子都还是学生。不到生命和世界告别时，你真正的学习生活是不会结束的，也不应该结束。
>
> ——哈佛大学教授柯比《学习力》

## 任务：学习是人生发展致胜的法宝

先读一篇摘自哈佛大学对学习能力问题的最终解决方案《学习力》中的一则案例，相信会对你有所启发：

---

· 案例 · 　　　　　兰特的长期学习计划

兰特中学毕业时，他的父亲就发现他具有特殊的商业天赋：机敏果敢，敢于创新。但他缺乏社会阅历，尤其是缺乏知识。父亲与他长谈了一次，并和他一起制订

---

了一个能帮助兰特成为一个商界精英的长期学习计划。这个计划将兰特的学习生涯分为四个阶段。

第一阶段：攻读理工科学士

通过在哈佛大学攻读最基础、最普通的机械制造专业，兰特具备了做商贸必备的专业知识，了解了产品性能、生产制造情况，培养了知识技能，建立了一套严谨的逻辑思维体系，还形成了脚踏实地的工作态度。

在这四年中，兰特还广泛选修了其他专业课程，如化学、建筑、电子等。这些知识为他后来的商业活动创造了难以估量的价值。

第二阶段：攻读经济学硕士

通过在哈佛大学3年经济学硕士的学习，他了解了影响商业活动的众多因素，懂得了商业的社会地位和作用，掌握了经济学的基本知识。在这3年的学习中，他还认真学习了经济法，并将主要精力放在管理知识的学习上。

第三阶段：积累社会阅历

离开哈佛后，兰特并没有急着去经商，而是先做了5年的政府公务员。5年的时间，使兰特从一个稚嫩的青年成长为一个深谙世故的公务员。在环境的压迫下，他树立起强烈的自我保护意识，并广泛结交各界人士，建立起一套关系网络。他非常善于利用这些网络来获得丰富的信息和便利条件。

第四阶段：掌握商情，熟悉业务

兰特辞去公务员的工作，应聘到了一家国际性的大公司。通过在这两年的锻炼，在掌握了丰富的商情与商务技巧之后，他谢绝了公司的高薪挽留，自己开办了一家商贸公司，开始了梦寐以求的经商生涯。

兰特的这四个学习阶段共用了14年的时间，每个阶段目标明确，任务具体。由于他在制订计划之前，对自己将来的发展目标定位准确，每个阶段的学习，都是以总的目标所需要具备的素质作为出发点，科学规划，合理安排。因此，当计划完成后，兰特已经具备了成功商人所应具备的所有条件。他的公司经营得非常出色。他不仅有自己的游艇，在著名的贝佛利山庄有自己的别墅，他的身影常常出现在地中海、夏威夷阳光海滩上。现在他又根据自己的情况制订了新的学习计划，……在他这个新计划完成之后，一定会取得比现在更高的成就。

(柯比著 金粒编译《学习力》 南方出版社)

从兰特的长期学习计划中，我们可以看到，制订了长期的学习计划，自己每年、每月，甚至每天都有了可以遵循的行动轨道，这条轨道会激发你更加主动地去学习，使自己成才，实现自我价值，这也是我们的职业生涯规划中十分重要的内容——终身学习规划。

你是否也有自己的长期学习计划？

你制订学习计划的依据是什么？

你打算怎样实现你的学习计划？

# 准备：根据实际需要确定学习目标与途径

## 一、确定自学目标

### 1.明确确定学习目标的依据

自学不同于教师指导下的学校学习，它完全是学习者的自主学习，其学习目标要由自己来确定。那么，我们要根据什么来确定自己的自学目标呢？那就是"需要"，就是工作或生活的实际需要。就终身学习而言，其自学的总目标就是根据自己所从事的职业，建立起自己的知识结构系统。

例如，张雨桐决定终身从事与文秘有关的工作，那么，她终身学习的目标，就要根据她从事的文秘工作的实际需要来确定，围绕职业发展的需要建立起自己的知识和能力系统。

> 确定自学目标要以满足实际需要为依据。

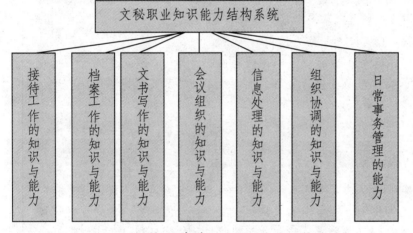

图7-1：张雨桐终身学习的知识能力结构系统

### 2.分析影响学习目标实现的因素

任何学习目标的实现都会受到各种因素的影响，其中有有利因素，也有不利因素。在确定学习目标时必须对这些因素作全面分析，以便充分利用有利因素，设法克服不利因素，从而保证学习目标的顺利实现。影响学习目标实现的因素有两大方面，一是内部因素，即主观条件；二是外部因素，即客观条件。内外因素包括下图所示的具体内容。

影响学习目标实现的因素有两大方面，涉及到多项因素，见图7-2所示。

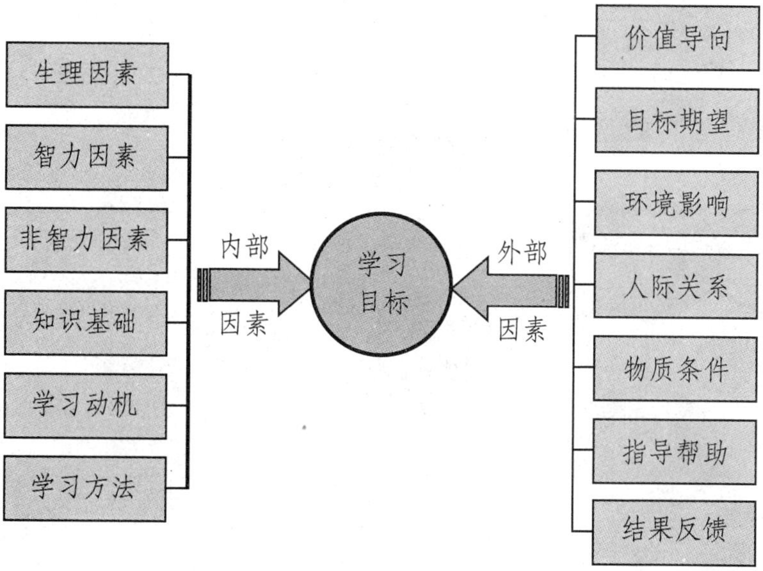

图7-2 影响学习目标实现的因素

每一个人学习的主客观条件是不同的，除了有克服困难，坚持不懈，锲而不舍的学习毅力外，重要的是因势利导，"善假于物"，分析自己的条件，随时利用自己的优势和有利条件，寻求支持，不断学习，达到最佳的学习效果和目的。

**二、明确自学途径**

自学目标的实现需要一定的渠道和方式，这就是学习途径。学习途径有正确与错误之分。正确的学习途径符合学习规律，可以用较少的时间实现学习目标，事半功倍；错误的学习途径则可能是违背学习规律，是低效率的。

学习途径有三个主要特点：

1. 多样性

要实现一定的学习目标，可以通过许多不同的学习途径，正所谓"条条大道通罗马"。在学习时，我们可以选择一条途径，也可以将多条途径结合起来，以取得好的学习效果（见图7-3）。

2. 综合性

综合性或称组合性。任何一种学习途径，都是由学习者、学习材料和对学习材料的不同处理等要素组合而成的。例如我们要记忆英语单词，就要采取一定的方式、通过一定的途径去记忆，这种学习途径就是由学习者——我们自己、学习材料——英语单词和记忆方式——如分类记忆、比较记忆等这些要素组合起来的。选择学习途径，应当综合考虑各种因素，选择既符合学习者个人特点，又符合学习材料特点的途径，这样才能保证学习途径的有效性。

千万不要以为学习就是要永远坐在书桌前一动不动，其实，了解"书外"的世界与"书内"学习同样重要。有些时候，"书外学习"比"书内学习"对一个人的影响更大、更深远。

——哈佛大学教授柯比《学习力》

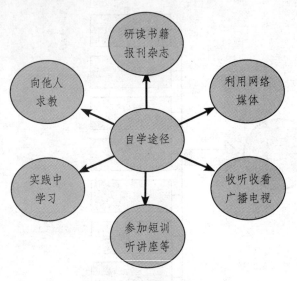

图7-3　自学途径

### 3. 层次性

学习途径具有大小不同的层次，有宏观层次的，也有微观层次的。例如，通过读书、听讲、调查、实践等途径学习，这些途径是属于宏观层次的；而记住一篇课文中的英语单词，可通过分类记忆、比较记忆、口诀记忆等途径，这些途径就是微观层次的。可见，学习途径具有相对性，要选择有效的学习途径，就要既注意宏观层次的选择，又注意微观层次的选择。

## 行动：如何明确学习的目标途径？

**活动一**：张海燕该怎样确定自学目标和途径？

> 在竞争日趋激烈的当今社会，大学刚刚毕业的张海燕费了九牛二虎之力才找到一份工作，在一家公司做文秘。然而，上班后张海燕发现，自己在学校学的知识远远不能满足实际工作的需要，尤其是自己的应用文写作能力很不够。于是，她决心通过自学提高自己的应用文写作能力。然而，张海燕又犯难了："我应该从哪里入手呢？"

应用文体有很多，哪些该学？哪些必须先学，而哪些以后再学？这些都是她必须首先解决的问题。

请帮助张海燕确定自学目标和途径。

提示：

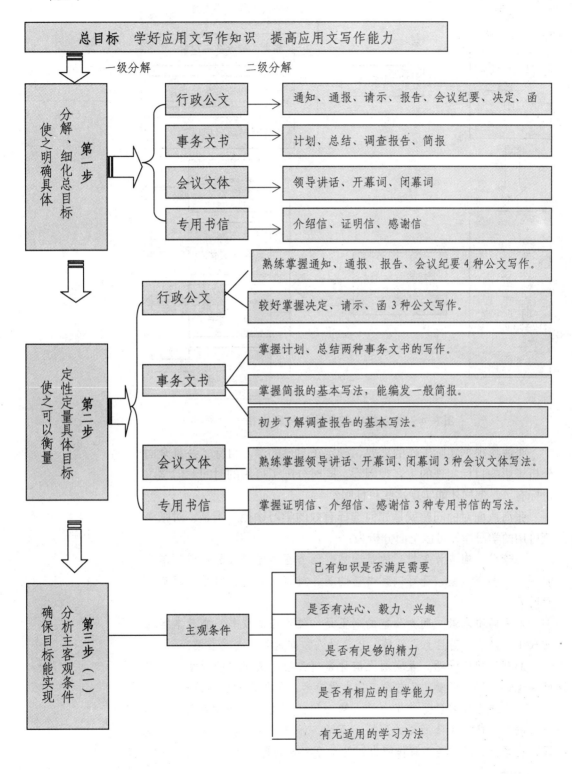

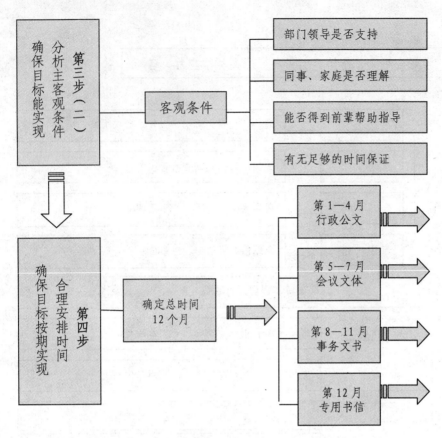

图7-4　张海燕确定自学目标和途径

　　张海燕根据实际工作的需要，确定了自己的学习目标，并且全面分析了影响目标实现的主客观因素，同时分配了可用的时间。但学习目标有了，怎样才能实现这些目标呢？

　　张海燕面对的问题就是如何选择有效的学习途径。于是，对张海燕可用的学习途径可以全面分析为：

　　1.读书。海燕首先想到的是读书，因为图书资料容易获得，单位有图书馆和资料室，还可以到书店购买，或订阅杂志，而且学起来不受时间限制。

　　2.向同事求教。同办公室的老王是一位资深的秘书，有着丰富的文秘工作经验，而且为人平易，乐于助人，向她学习会受益匪浅。

　　3.利用网络资源。互联网上有许多有关应用文写作的网站，其中既有理论知识的讲授，又有许多例文供参考，是很好的自学途径。

　　4.实践中学习。写作能力是人的一种特殊能力，能力的获得必须靠实践，正像叶圣陶所说的那样：不写，始终不会写。因此，边学边写，在写作实践中提高写作能力，是十分有效的自学途径。

　　……

**活动二**：叶霜如何明确自己的自学途径?

大专毕业的叶霜就职于一家外贸公司，她学的是外贸英语专业，可说是专业对口。但工作了一段时间后叶霜觉得很不顺手，原因是外贸公司经常跟外商打交道，可她的英语听说能力却不尽如人意。于是叶霜下决心要提高自己的英语听说能力。那么叶霜应该怎么做呢?

请想想：

1. 叶霜的学习目标是什么?

2. 叶霜怎样确定自己的学习目标?

3. 影响叶霜实现学习目标的因素有哪些?

4. 叶霜怎样明确自己的学习途径?

提示：

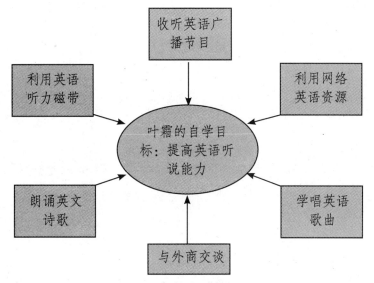

图7-5 叶霜自学英语途径

## 评估：你是否掌握了明确目标途径的要点

学完了本节内容，现在请你通过下面的练习检查一下自己，看你是否掌握了明确学习目标途径的要点。

**问题**：在就业压力日趋增大的今天，大学生自主创业已经成为高校毕业生选择前途的一大主题，但很多学生却非常缺乏创业的基本知识。假如你想利用课余时间学习创业知识，那么你应该怎么做? 请你考虑如下问题：

1. 你确定自学目标的依据是什么?

2.你怎样才能确定出符合SMART原则的自学目标?

3.影响你实现自学目标的因素又有哪些?

4.你打算通过哪些途径来实现自学目标?

**作业目的:**

掌握明确自学目标途径的要点,即能够就一次自学活动,确定符合SMART原则的学习目标,分析影响学习目标实现的各种因素,明确实现学习目标的有效途径。

> SMART是5个英文单词首字母的缩写,所谓SMART原则:
>
> 1.目标必须是具体的(Specific)。
>
> 2.目标必须是可以衡量的(Measurable)。
>
> 3.目标必须是可以达到的(Attainable)。
>
> 4.目标必须和其他目标具有相关性(Relevant)。
>
> 5.目标必须具有明确的截止期限(Time-based)。

# 第十八节　详细计划　合作学习

## 目标：详细计划、合作学习

上一节，我们学习了建立个人终身学习目标的方法。我们有了终身学习的认识和志向后，下一步的任务就是落实。在每个阶段的学习实践之中，必须要有学习的详细计划，有一个落实方案。"我们的未来不是梦"，但如果仅仅停留在梦想的阶段，那永远也难"美梦成真"。

在现代社会，学习是多样的，多形式的，要学到知识和技能，个人独立学习十分重要，在实践中学习，还需和别人一起共同学习。这就需要有合作学习的意识、热情和方法。

通过本节的学习和训练，你将能够：

1. 把握制订计划的要素。

2. 学会如何写出详细的计划书。

3. 掌握合作学习的秘诀。

> 善合作，对于每个现代人来说都是一个重要意识。
> ——哈佛大学教授柯比《学习力》

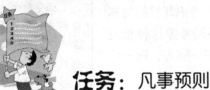

## 任务：凡事预则立，不预则废

人的一生由一个个生活的故事串联而成，在每个故事发生的过程当中，我们都在不断地思考、揣摩，希望能创造出更有意义的人生，而这一切都始于做好自己的工作与生活计划，以及与他人的合作。在上一节，我们引用了"兰特的长期学习计划"的案例，建议你回头再读一读，分析一下兰特为什么能成功。案例告诉我们，兰特的人生成功，不仅有自己的生涯规划，而且他把这种成功的学习规划分阶段落实到自己的实践之中，他以自己的总目标所需要具备的素质作为出发点，对每一个阶段都实施明确的计划，合理的安排。他逐步落实，终于成就了自己的事业。

> 你今天站在哪里并不重要，但是你下一步迈向哪里却很重要。

# 准备：详细计划、合作学习要略

## 一、确定学习目标、落实计划的"SMART"原则

要确定出一个好的学习计划，必须遵循一定的原则。下面是落实目标确定计划的"SMART"原则：

（1）具体性（Specific），或称明确性。目标的确定必须明确具体，落到实处。落实目标的计划要做到具体明确，就要将目标细化，将总目标分解成分目标。时间上可以把长远的目标分成一个个阶段的目标；内容上可以把需要学习的知识和能力系统分成子系统，将计划细化，具体化。

（2）可度量性（Measurable）。目标是可以衡量的，落实目标时，计划必须量化。这就要求落实目标的计划必须有定量的标准。当然，定性的标准也是非常重要的，不可忽视。比如，用多长时间获得什么样的学历文凭，到什么时候考职业技能证书、职业资格证书等等，要有大致的规划和目标。

（3）可达成性（Attainable）。目标必须是可以达到、可以完成的，落实目标的计划必须切合实际，不可贪大求全，不着边际。学习更是如此，必须循序渐进，切合自身实际。

（4）相关性（Relevant）。确定目标时必须充分考虑此目标与其他相关目标的相互关系，不可顾此失彼，计划中必须考虑这种相关性。现在要学的知识很多，一定要有系统性，不可东一榔头，西一棒子，要围绕主攻方向，不断丰富自己。

（5）时限性（Time-based）。目标的确定必须要有明确的时间观念。计划就是一定时限的方案，必须合理分配时间，规定明确的时间限制。没有时间限制的目标是毫无意义的，没有时限规定的计划同样是毫无意义的。

## 二、如何做详细的学习计划

有的人把计划放在心里，有的人明确地写下来以指导自己的行动。不管以何种形式呈现，总的要求是，对阶段的学习目标要有比较详细的计划。这样才便于具体落实。做好学习的详细计划，有如下一些常规的程序：

### 1. 确立阶段目标

目标错了，一切都将跟着错，南辕北辙说的就是这个道理。目标应符合明确、具体、协调、可行的要求，可以根据前面讲的"SMART"原则，对照五个方面的要求，科学地确定阶段的目标。

> 最蹩脚的建筑师从一开始比最灵巧的蜜蜂高明的地方，是他在用蜂蜡建筑蜂房之前，就已经在头脑里把它建成了。
>
> ——马克思

2.征求意见,寻求支持指导

有了目标,就要开始拟订计划。在拟订计划的过程中,可征求老师和有经验者、成功者的意见,修改完善自己的计划,增强针对性,提高计划的指导价值。

3.编写计划书

（1）计划的内容

情况分析（制订计划的根据）。制订计划前,要分析研究学习现状,充分了解下一步学习是在什么基础上进行的,是依据什么来制订这个计划的。

学习任务和要求（学什么）。根据需要与可能,规定出一定时期内所应完成的任务和应达到的学习指标。

学习的方法、步骤和措施（怎样学）。在明确了学习任务以后,还需要根据主客观条件,确定学习的方法和步骤,采取必要的措施,以保证学习任务的完成。

（2）计划的格式

计划的名称。包括订立计划的名称和计划期限两个要素,如"王欢2006年学习计划"等。

计划的具体要求。一般包括学习的目的和要求,学习的项目和指标,实施的步骤和措施等,也就是为什么学、学什么、怎么学、学到什么程度。

最后写订立计划的日期。

### 三、培养合作学习的意识和习惯

合作学习是指个人在学习群体中为了完成共同的任务,有明确的责任分工,对各成员分担的任务能进行加工、整合,对活动的成效能共同进行评价的互助性学习。

合作学习的着眼点是促进自己的发展,亦即希望通过合作学习,让自己有机会、有兴趣主动参与到学习活动中来,从而达到全面提高学习效果的目的。为此,学习者首先应该有积极参与合作学习的意识和热情,在互动中学到知识,培养能力。同时,要乐意向别人学习,有的知识不是书本上能学到的,有的能力不是知识和理论能解决的,需要模仿,必须在与别人的合作之中学到。

合作学习不是被动的学习,要养成良好的合作学习习惯:

1.独立思考的习惯

有些人因为基础差一些,所以在日常合作学习中处于弱势地位,自己提出的观点总因不够全面或错误,不被其他组员所接受,因而产生了自己说不如不说,自己想不如听的惰性观念,长此以往,就会懒于思考,也不会思考了。因此,要想在合作学习中受益,首先必须要培养自己独立思考的习惯。

2. 善于发言的习惯

在合作学习中，如果你不能准确流畅地表达自己的观点，就意味着你在浪费时间，同时你也达不到预期的学习效果。因此，培养你善于发言的能力及习惯是十分重要的。

3. 认真倾听的习惯

所谓合作学习，其意义就在于学生间、师生间的互动互助，取人之长补己之短。然而，在现实中，我们往往自以为是，只顾表达自己的意见，不善倾听。这有悖于合作学习本意，不利于取得良好的学习效果。

4. 对别人的发言进行辨别、评价的能力及习惯

合作学习重在对学习内容仁者见仁，智者见智，在众多的言论观点中，择其善者而从之。这就要求你具备辨别、评价的能力。评价辨别的能力是一种十分重要的综合能力，是人的素质的表现，需要长期的学习和锻炼。因此，要培养自己的这种素质，要坚持长期的锻炼，要时时注意处处留心，形成习惯。

5. 培养归纳总结的能力和习惯

归纳总结的能力和习惯是跟对别人的发言进行辨别、评价的能力及习惯相辅相成的，离开这一环，向别人学习的效果就大打折扣。

# 行动：让实现计划的每一天更有条理

### 活动一：帮助迷茫的小李

小李是网络公司的信息编辑，但他的理想是编程，只可惜他对程序语言是一知半解。近来，他对编程的兴趣越来越浓，并暗自下决心，准备明年接受一些正规的程序语言训练，然后去做一个程序员。虽然他经常暗中鼓励自己，但又不知道到底如何一步步地去实现这个目标。因而，近来他觉得非常迷茫。

请帮助小李走出困境。

**提示：**

1. 小李的优势是什么？可以从他的兴趣、专业背景及现实条件等方面去分析。

2. 可以找程序员同事去了解程序员应该具备的条件和要求，并听听他们对小李职业选择的意见。

3. 小李应该做一个多长时间的计划比较合适？请根据"SMART"原则帮助小李做一个阶段学习计划。

**活动二**：做一份你自己的长期发展计划

就你的个人发展做一份5年期的计划。

**请想想：**

1.你未来5年的发展目标是什么？

2.你未来5年的发展具备哪些优势和不足。

3.找两位好朋友谈谈，听听他们的意见。

**评估：你知道如何做详细计划了吗**

学完了本节内容，现在看看你是否掌握了做详细计划的要点。下面请你认真思考这样几个问题：

1.你有自己的年度、月度、每日工作或学习目标吗？

2.你每天都很忙碌或很悠闲，有时甚至不知道自己在做什么吗？

3.你每天晚上都会想想明天的工作或学习任务吗？

4.你习惯于在与人合作中学习还是独自学习？

**作业目的：**

检查你是否领会了做具体计划和合作学习的要点。

# 单元综合练习

**活动一：** 帮老杨做一份自学计划

老杨是一个汽车维修公司的高级修理工。近来因为他工作出色，老板决定提升他做主管。老杨听到这个决定后，既高兴又担忧。高兴的是公司认可了他的劳动，他多年来的辛勤工作得到了回报；担忧的是，这样一个大公司，仅他负责的这个车间就有20多人，而且相当一部分员工都是技术娴熟的元老级人物，要管理好这支队伍，没有一定的管理水平是很难胜任的。但无论如何，他还是欣然地接受了任命并走马上任了。现在老杨为了做好这份工作，决定自学与车间管理相关的课程，虽然他有一些初步的工作现场管理经验，但现代化的管理水平仍然比较缺乏，必须提高自己的管理理论水平，以指导自己的实践，提高工作绩效。

决定已经做出，但如何付诸实施，老杨却犯难不知从何下手。请你帮助老杨做一份目标明确、安排合理的自学计划。

**活动二：** 做自己的年度学习计划

就你当前的职业或未来的职业选择，分析你还有哪些方面的知识欠缺，并据此做一份年度学习计划，要求有明确的目标、措施和时间安排。

# 第八单元　有效实施计划

## 能力培训测评标准

在实施计划过程中——

在相关人员的配合下，开展学习及有关活动，以促进目标的实现，并通过一个复杂课程和技能训练，或进一步的自学和实践，以提高你的工作能力或业绩。

在实施计划过程中，能够：

1. 重点保证并采取有利于实现目标的行动。

2. 积极地寻求和利用有关方面（例如教练、培训教师、同事以及合作者）的反馈和配合，以实现你的目标。

3. 为按时完成任务果断处理面临的任何困难。

4. 选择并运用与学习内容相适应的学习方法去学习，例如：

◆通过一个培训课程、技能训练或个别指导学会一门复杂的技术

◆在复杂的工作实践中去学会学习

5. 根据环境条件的变化及时对你的计划做出修正。

（摘自《职业核心能力培训测评标准〈自我学习能力单元〉》高级）

目标和任务明确以后，重点是落实。"有效实施学习计划"是自我学习能力培养的第二个重要的阶段。

《职业核心能力培训测评标准》在这个阶段的培训测评要求中，列了六个能力点需要掌握：

1. 按时落实任务。能重点保证并采取有利于实现目标的行动。

2. 积极寻求支持。能积极寻求和利用他人的反馈与配合实现目标，并果断地处理面临的任何困难，按时完成任务。

3. 自主选择方式。能进行创造性的学习。

4.善用有效方法。能选择并运用与复杂的学习内容相适应的方法进行学习。

5.善用先进手段。能使用先进的媒体技术进行高效率的学习。

6.及时调整计划。能根据环境的变化及时修正学习计划。

本单元将围绕计划的执行与落实，分四个部分进行训练，第一节侧重于训练你在工作或学习中如何把握重点，并适时调整自己，使学习或工作任务得以落实，其中要求你把握"要事第一"的原则，根据自己选择的目标及时间安排及时调整自己，以确保计划的落实；第二节重点学习创造性学习的四种方式和七大策略，第三节重点进行创造性思维的训练，这两个部分重在提高你的学习层次，使你的学习和工作更具创造性；第四节你将学会使用网络手段进行学习与交流，以提高你学习的效率。

# 第十九节　保证重点　调整落实

## 目标：盯住目标 把握重点

许多人每天忙得像飞速旋转的陀螺，却毫无收获；而那些成功者显得那么从容，有条理，有章法，似乎悠哉游哉。这是为什么？

本节将告诉你，你要明确自己的使命，把宏观的目标化整为零；每天都要精心计划好这一天的事情。你应该学会选择，懂得放弃，把最重要的事情放在第一位，别为小事抓狂，而把大事抓瞎。为此，你在这一节将学会：

1. 辨别什么是人生学习中的大事。

2. 理清自己学习上应该优先的事务。

记住：

> 学会选择，懂得放弃，把最重要的事情放在第一位。

高

## 任务：学会把握重点，学会调整，坚持落实

重点事务，或称要务，是那些你个人觉得最值得做的事。如果你能把要事放在第一位，那么你就学会了有效管理人生。

先看案例：

---

**·案例·　　　　什么是人生的重点**

教授在桌子上放了一个装水的罐子。然后又从桌子下面拿出一些正好可以从罐口放进罐子里的"鹅卵石"。当教授把石块放完后问他的学生："你们说这罐子是不是满的？"

"是。"所有的学生异口同声地回答说。

"真的吗？"教授笑着问。然后再从桌底下拿出一袋碎石子，将碎石子从罐口倒下去，摇一摇，再加一些，再问学生："你们说，这罐子现在是不是满的？"这回他的学生不敢回答得太快。最后班上有位学生怯生生地细声回答道，"也许没满。"

"很好！"教授说完后，又从桌下拿出一袋沙子，慢慢地倒进罐子里。倒完后，他再问班上的学生："现在你们再告诉我，这个罐子是满的呢？还是没满？"

"没有满，"全班同学这下学乖了，很有信心地回答说。

---

"好极了。"教授再一次称赞这些"孺子可教"的学生们。教授从桌底下拿出一大瓶水,把水倒进看起来已经被鹅卵石、小碎石、沙子填满了的罐子。当这些事都做完之后,教授正色问他班上的同学,"我们从上面这些事情得到什么启发?"

班上一阵沉默,然后一位自以为聪明的学生回答说:"无论我们的工作多忙,行程排得多满,如果要逼一下的话,还是可以多做些事的。"

教授听到这样的回答后,点了点头,微笑道:"答案不错,但并不是我要告诉你们的重要信息。"说到这里,这位教授故意顿住,用眼睛向全班同学扫了一遍说:"我想告诉各位最重要的信息是,如果你不先将大的鹅卵石放进罐子里去,你也许以后永远没机会把它们再放进去了。"

此案例反映的是管理时间的方法问题,事件顺序处理错了,很可能就把最重要的事情给忽略了。

时间是过去、现在及未来的连续不断的连续线。它不能储存、不会停止、不可能增加、无法转让并且租不到,买不到,也借不到。如何在有效的时间里完成多项繁杂工作是一门艺术也是一门科学,更是一种生活态度。

在时间管理中,最怕的就是忙、盲、茫。根据时间管理理论,面对众多工作时,先要放松心态(通常可以做做深呼吸),然后迅速地将要处理的所有事分类,然后值得考虑采取的办事次序应该是:

1.重要且紧迫的事。

2.重要但不紧迫的事。

3.紧迫但不重要的事。

4.不紧迫也不重要的事。

学习也是这样,如果你能正确处理自己工作、生活中的事务,相信落实学习任务,也会得心应手。

在终身学习的过程中,学习计划的落实,任务的完成,也需要有把握重点学习事务的能力。否则,全天的工作和生活的杂事、琐事就会淹没你宏伟的学习计划,拖延你具体的学习任务。

当然,任何计划执行中,都有根据实际情况适当调整,甚至优化的可能。但切记,调整学习计划绝不是放弃计划,而是更切合学习的实际,更顺利地达到理想的彼岸。

## 准备:把握重点的两大法门

### 一、你是否能把握重点,坚持落实计划

下面先测测你把握重点事务的能力达到的程度。请你静下心来思

考如下问题，并给每个问题在1—6的区间打分，其中1表示"很不同意"、2表示"不同意"、3表示"不太同意"、4表示"有点同意"、5表示"同意"、6表示"很同意"。

1．我花了很多时间在重要而且需要立刻关注的活动上，比如危机、紧迫问题、截止日期即将到期的问题。

2．我觉得总是到处"救火"，不断处理危机。

3．我觉得自己浪费了好多时间。

4．我花了很多时间在虽然紧迫但与我的重要目标无关的事情上，如无端的干扰、不重要的会议、非紧急的电话等。

5．我花了很多时间在重要但不紧迫的事务上，例如做计划、准备、防范、改善人际关系、恢复等。

6．我花了很多时间在繁忙的工作、强制性习惯、垃圾邮件、过多的电视节目、琐事、玩游戏等。

7．我觉得由于防范得当、精心准备和周密计划，一切由我掌控。

8．我觉得自己总是在处理对他人重要、但对我并不重要的事情。

| 问题1，得___分<br>问题2，得___分<br>总和：<br><br>12 11 10 9 8 7 6 5 4 3 2 1 | 问题5，得___分<br>问题7，得___分<br>总和：<br><br>1 2 3 4 5 6 7 8 9 10 11 12 |
| --- | --- |
| 问题4，得___分<br>问题8，得___分<br>总和： | 问题3，得___分<br>问题6，得___分<br>总和： |

图8-1　事务优先级象限图

（摘自《高效能人士的七个习惯》，史蒂芬·柯维，中国青年出版社2004年版）

把每个问题的得分，按图8-1所属象限求和。将横轴以中心为"0"点，左右各分12等分，在每个象限以总分为半径涂画阴影，看看你在哪个象限的"阴影"最大。

如果你在第二象限的"阴影"最大，那么恭喜你，你已能把握什么是自己的重点事务；反之，则还需要加强训练，以使自己分清重点，有的放矢。

对待学习计划的落实和上面事务的处理要求一样，要使计划不变成空话，就要落实，就要在每天繁杂的事务中能保证它一定的位置，就要在多种诱惑中能坚持完成学习的任务。

**二、如何把握学习的重点事务**

1．坚持要事第一

管理学家们把人们的事务按"紧急—不紧急"、"重要—不重要"两个维度分类，建立了四个象限：

表8-1 事务分类表

|  | 紧　急 | 不紧急 |
|---|---|---|
| 重要 | Ⅰ<br>危机<br>急迫的问题<br>有期限压力的计划 | Ⅱ<br>防患于未然<br>改进能力<br>发掘新机会<br>规划、休闲 |
| 不重要 | Ⅲ<br>不速之客<br>某些电话<br>某些信件与报告<br>某些会议<br>必要而不重要的问题<br>受欢迎的活动 | Ⅳ<br>繁琐的工作<br>某些信件<br>某些电话<br>浪费时间的事<br>有趣的活动 |

(摘自《高效能人士的七个习惯》,史蒂芬·柯维,中国青年出版社2004年版)

　　第一类事务既紧急又重要,这是人在一生中无法避免的事务。正因此,许多人都是在这类活动中,一天又一天地被一个接一个的问题淹没了。偏重于这类事务常常会给人带来这样一些后果:压力、筋疲力尽、危机处理、忙于收拾残局。

　　如果只重视第三、四类事务,那么你所拥有的并非有意义、负责任的人生。但在我们大部分人的日常工作与生活中,相当部分的时间都被这两类无关紧要的事情占据了。偏重于这两类事务,会造成无责任感、失去工作、依赖他人或社会机构维持生计等后果。因此,学会舍弃这些事务是把握工作与生活重点的必要环节,也是把握学习计划落实的重要环节。

　　第二类事务是人生当中最重要的内容,但由于它不是当务之急的事情,往往很容易被大部分人怠慢,甚至忽视。事实上,大部分第一类事务往往是因为轻视这类事情而造成的。如果一个人能够做到偏重于这类事务,那么他就会变得有远见、有理想、身心平衡、有自制力,等等。

　　人生的学习是分阶段的,在集中学习的阶段,如高中、中专或大学毕业前、在工作中的短期进修等,这时候,要事就是学习。必须摆在第一的位置。要克服第三、第四类事务的干扰,集中精力完成任务。

　　在工作过程中,学会按"要事第一"的原则处理好上面四个象区事务,就会有时间学习。

2. 树立三个意识

要理清自己繁忙的事务，坚持落实学习计划，对自己进行有效的个人学习管理，关键还在于有三个学习的意识：

(1) 长期学习、不断积累的意识

学习是终身的事务，是每个人在今天竞争的社会致胜的法宝，学习力是第一竞争力。必须有这种危机的意识、成功的决心，才能永远保持旺盛的学习欲望、学习的意识，才能在生命的过程中不断地学习。

学习是日积月累的漫长过程，不能一曝十寒，三天打鱼，两天晒网。因此，坚持就是胜利，就会有收获。

(2) 克服困难、达成目标的意识

阶段学习目标的实现，一定会有很多困难，工作上的、生活上的、家庭里的，个人身体上的等等，因此，克服困难，达成目标是学习计划实现的关键。任何成功都是要付出汗水的。

每个目标都可当做特殊的约会去全力以赴，对本年度或1个月内已定的"约会"——检查，积小成为大成。

(3) 检查调整、欣赏成功的意识

学习计划的实施会遇到意想不到的困难和变化，需要适当调整，但不能放弃，要坚持实现目标。

每一个阶段任务的完成要及时进行评估，总结成绩，分析问题，以利再学。这样，欣赏自己的成功，可以鼓舞自己的信心。比如，学到一种表达式，学会了一种技能，取得了一个文凭、一个证书，学习的知识和技能应用取得了成功等等，充分享受自己成功的喜悦。学习是要花功夫的，但学习是人们生存的一种形式，应该快乐地学习，幸福地生活。这样，我们的学习才会变得更有意义，更持久。

## 行动：动手掌握"要事第一"秘笈

**活动一：** 分析劳而无功的小英

---

小英是某企业一位才华出众的撰稿员。有一天，营销经理来找她。

"我们正在拓展华北市场，有份方案请你帮忙写一下好吗？"经理说。

"没问题，您的事情我一定全力以赴，虽然我还有许多材料要写。"小英说着，随手把这一周要做的文案计划拿给营销经理看。

经理一看，暗自吃惊，计划上所列的都是昨天总经理会议确定的几个重大决

---

> 议的文案。
>
> 　　第二天刚上班，小英就把一份文稿交给了销售经理。经理看后十分满意，并表扬小英是个难得的才女。
>
> 　　但不幸的是第二周的行政例会上，小英却因为没有完成上周的计划而受到了总经理的严厉批评。

小英到底出了什么问题？请你帮帮她。

**请想想：**

1.小英有无工作计划？

2.小英的工作计划中有无优先级安排？

3.小英应该如何排除干扰？

**提示：**

1.小英应该依据什么安排每天的工作？

2.小英的错误在于将更多的精力花费在了哪个象限的事务？

### 活动二：给你自己做一份事务分配表

依据柯维的"事务分类表"，列出你过去一周在四个象限的事务，分析一下你是否做到了"要事第一"，为什么？然后做一份下周的事务分配表。

**提示：**

1.做下周事务分配表时，请先列出你下周应该做的10件事。

2.依据柯维的事务分类表，把10件事分配到四个象限。

### 评估：你学会把握重点事务了吗？

学完了本节内容，现在看看你是否掌握了"要事第一"的要点。下面请你认真思考如下问题，可以两人一组，互相问答：

　　1.过去一个月中你投入精力最多的学习是哪些，这些与你的年度学习目标是一致的吗？

　　2.你近三年的学习目标是什么，请按年度说出自己的阶段学习计划，说明每个阶段的重点学习内容。

　　3.回忆你去年学习计划执行中原计划与实际计划的变化情况，达成的目标是什么？总结一下取得的成绩，奖励自己的进步。

**作业目的：**

检查你是否掌握了保证重点、调整落实的要点。

# 第二十节　创新学习　系统思考

## 目标：创新学习，系统思考

美国伊利诺依大学社会学研究中心通过研究发现，有明确目标与无明确目标的人相比，其学习与工作效率可以提高10%—40%。他们可以调动全部感官，进入最佳学习状态。据统计，普通的学生善于用视觉学习者占29%，用听觉学习者占34%，而用触觉学习者占37%。我国研究创造性学习的专家刘道玉说，在21世纪，过去以记忆为基础的学习方法，已不再适应创造性的学习需要了。

通过本节的学习，你将能够：

掌握创新学习类型和常用的策略：探源索隐、辨异求同、类比模拟、趋势外推、纲要浓缩、系统思考、智力激励等。

> 在21世纪，过去以记忆为基础的学习方法，已不再适应创造性的学习需要了。

## 任务：学会创造性学习

这里是一个富有挑战性的经典趣味问题，它会带给你思维的乐趣，请你好好享受一下吧！

两位俄罗斯数学家在飞机上相遇。

"如果我没记错的话，你有3个儿子。"伊凡说，"他们现在多大了？"

"他们年龄的乘积是36，"艾格说，"他们年龄的和恰是今天的日期。"

"对不起，艾格，"一分钟后，伊凡开口道，"你并没有告诉我你儿子的年龄。"

"哦，忘记告诉你了，我的儿子是红头发的。"

"啊，那就很清楚了，"伊凡说，"我现在知道你的3个儿子各是多大了。"

伊凡是怎么知道他们的年龄的？

你可能会一眼看出答案，也可能苦思冥想数日也毫无结果。其实，对这个问题而言，你能否找到答案并不重要。重要的是，你能否

> 面对许多问题，你能否找到答案并不重要。重要的是，你能否充分发挥自己的创造力，寻求到解决问题的种种方案。

高

充分发挥自己的创造力，寻求到解决问题的种种方案。

在学习过程中的创新学习，不是单纯吸收已有的知识、文化，而是更注重培养创新精神、创新能力。如果我们改变了旧有的学习模式，掌握创造性学习的一些策略，就会使学习更加卓有成效，就会在创造性的培养上大见功效。

# 准备：创新学习的方式与策略

人们总结的创新学习有四种方式，七大策略。

## 一、创新学习的方式

### 1. 问题学习

有一项调查发现，90%的5岁孩子都有创造性，而到了20岁以上只有5%的人有创造性，为什么会出现受教育程度越高而创造性越差的现象呢？众所周知，小孩子喜爱提问，对周边一切都充满了永不衰竭的好奇心；成年人则不会如此，所以小孩儿比成人更具有创造精神。有的学校在教育中用"标准答案"束缚人，使学生变得不敢提问题、不愿提问题、不会提问题，严重扼杀了青少年的创造性。其实，提出问题，预示着新的发现、新的突破。没有提出问题，就永远不可能解决问题。

问题学习，不仅指提出问题，还包括解决问题。解决问题，能够很好地锻炼思维能力、创造能力。同时，解决问题的学习，还能激发人思维创新的积极性，学习者就会养成勤动脑、爱动脑的良好习惯。

### 2. 批判学习

批判思维是创造性思维的重要组成部分。进行批判学习，能够很好地发展批判能力，培养独立思考能力。批判学习不是把东西塞进你的脑袋中，而是让你的脑袋长在自己的肩膀上，自有主见。读书时，既要吸收，又要批判，决不生吞活剥，死记硬背。古人云，尽信书，不如无书。知识可以使人眼界开阔，变得博学。可是，倘若迷信书本知识，越"博学"也许对自己的束缚也就越多。所以在学习过程中，我们要学会在批判中创新。毛泽东曾说过，出20个题，学生能答出10题，答得好，其中有的答得很好，有创见，可以打100分；20题都答对了，但是平平淡淡，没有创见的给50分、60分。进行批判学习，发展批判思维，就可以避免现有知识带来的负面影响，使自己不受束缚，视野开阔，容易发现问题，产生大创造。

### 3. 探究学习

> 提出一个问题往往比解决一个问题更重要，因为解决问题也许仅仅是一个数学上或实验上的技能而已。而提出新的问题、新的可能性，从新的角度去看旧的问题，却需要有创造性的想象力，而这标志着科学的真正进步。
>
> ——爱因斯坦

所谓探究学习，是从学科领域或现实社会中选择和确定研究主题，通过个体自主、独立地发现问题，通过实验、操作、调查、信息搜集与处理，表达与交流等，获取知识、技能，发展情感与态度，培养探索精神和创新能力的学习方式和学习过程。人们总以为研究必须要经过十几年漫长的学习才能做到，甚至认为要两鬓斑白、学富五车的人才能干好。可是，事实充分证明，连几岁的孩子也有研究能力。在中级部分第五单元"单元综合练习"中《美国人竟然这样教育小学生》的资料中，作者就介绍了美国的孩子从上小学低年级开始就搞起"研究"，进行探究式学习的事实。十岁的小学生竟然敢研究《中国的昨天与今天》、《我怎样看人类文化》之类的大课题，每个课题都能用计算机做出几十页的小册子，能够熟练地在图书馆利用计算机和微胶片系统查找他所需要的各种文字和图像资料……从决定题目，到搜集资料，到研究写作，从始至终都处于独立研究状态。

事实上，在这种独立研究过程中，可以很好地培养创造精神、创造能力。美国人的创新能力强，得益于他们从小就开展的创造性学习的教育。

4.自主学习

自主学习，概括地说，就是"自我导向、自我激励、自我监控"的学习，这是创造性学习的重要形式。自主学习能力是一种综合性极强的能力，它包括独立阅读能力、独立思考能力、自我组织能力、自我监督能力，包括高度的主体精神、自主精神、自强精神。而这些都是创新所需要的，与创新有着内在的联系。

很多富有创新性的科学家，并非学校所造就，他们有的是通过自主学习而成功的。例如，被斥为笨蛋而赶出学校的爱迪生；首次报考大学就名落孙山的科学巨人爱因斯坦等等。哈佛大学有名的案例教学法被世人所称道，它实质上是案例学习，案例不是由老师来剖析、讲解，而是由学生自己去分析、讨论。这种独立作业、独立思考的自学方式，对哈佛学子的创造力培养有极大的帮助。

自主学习是一种很能锻炼人提高人创造力的学习方式，要提高你的创造力，要进行创造性学习，那就要重视、学会自主学习，善于自主学习。

**二、创造性学习的策略**

进行创造性学习可以运用如下策略：

1.探源索隐

学习中，从事物的联系中思考。追索偶然发现的起因，在掌握知识的同时，探源索隐，追寻导致前人发现与发明定律、定理和公式的思路；从寻找事物的各种原因中，探索创新的思维方式，激发自己提出解决问题的办法。创造性强的学习者，对探源索隐的方法是有浓厚兴趣的。

2. 辨异求同

要善于比较，从比较中打开思路。不谋求唯一正确的答案，要"逼迫"自己通过不同的思路达到同一目标。从比较中，发现新问题、新情况，发现老问题的不同解决办法，发现已知情况的新变化，使自己的创造欲在执着的追求中受到激发。培养自己创造性解题的习惯，创造性发挥自己的思路是创造中的精华。

3. 类比模拟

在学习中，要善于从自然界或者已有成果中，寻找与创造对象相类似的东西，加以模拟，创造出新的东西来。从个体成长过程看，模仿是创造的先导，但我们追求的是在模仿中进行创新，从类比模拟中求创造。类比的方法很多，常用的有拟人类比法、直接类比法、象征类比法、因果类比法、对称类比法、综合类比法等。

4. 趋势外推

事物发展的过去、现在和未来有着内在联系。因此可以根据过去和现在的信息，在学习中研究影响事物发展的基本因素、限制条件，推测未来发展的趋势，从而制定适当的对策。把这种学习方法与学术的研究结合起来，其学习效果会更为明显。

5. 纲要浓缩

编制学习提纲，浓缩学习内容，使"点的记忆"变成"线的记忆"，构成网络。纲要浓缩，博约相宜，形象直观，重点突出，便于复习，有利创造。浓缩学科中的精华结穴之处，颇显个人的功力，学习提纲要突出自己的见解，跳出书本和老师的讲授，延伸发展，所发现的问题和创造联系在一起，是一种事半功倍的好方法。

6. 系统思考

要研究认识对象的一切方向，一切联系和"中介"。纵串横联，立体思考，从事物方方面面的联系上，去发现问题和发现与问题相关的各种关系，从而获得解决问题的办法。对不同的学习内容，从不同角度进行分析判断，找出纵、横系列和它们相交叉而形成的立体系列，系统思考，使学习既有深度又有广度，它是创造学习的基础。有些学科相互渗透、衔接，寻找系统的联系，本身就是一种创造。

7. 智力激励

"智力激励法"是世界上得到普遍推广的一种创造技法，又称"头脑风暴法"（详见下节介绍）。它是以专题讨论会的形式，通过充分的扩散思维过程，进行信息催化，激发大量的创造设想，形成综合创造力。运用该法，讨论的主题必须明确，旨在克服通常讨论会中自我评价系统和相互评价系统对萌发创新思路的抑制作用，达到集思

> 创造是学习力的最高境界。如果一个人学习的结果，是使自己什么也不会创造，那他的一生将永远是模仿和抄袭。学习的目的，就是要使自己尽快达到这种最高境界。
>
> ——哈佛学习格言

广益，激发创造的目的。"智力激励法"能促使信息催化，产生连锁反应，形成综合的创造力。在学习讨论中，相互发表的意见，对每一个与会者都是一种信息刺激，若被理解，就会被纳入自己的认识结构里，于是，新信息与旧信息融合，新信息与其他信息融合，而产生一些新观念，或者在新信息的刺激下，通过联想作用激活另一个有价值的新观念的萌发。这样，学习就会有新的收获，学习也会变得很有活力，很有创意。

## 行动：尝试着发挥你的创造力

**活动一**：归纳分析陈龙安教授总结的十字口诀

台湾著名教育家陈龙安教授总结了在学习中培养创造性思维的"十字"口诀，即"假列比替除可想组六类"：

"**假**"——"假如"，即在思考问题时能假设一个情景，可以用人、地、事、物、时（过去、现在、未来）来创设。

"**列**"——"列举"，即在学习过程中要能够并善于列举出符合某一条件或特性的事物或资料，越多越好。

"**比**"——"比较"，即能就两项或多项资料特征或事物比较其异同。此方法多用于概念的学习，因为概念就是反映对象本质属性的思维形式，对概念的掌握能够把这一类事物同别的事物区分开来。

"**替**"——"替代"，即能积极调动学习者的思维，采用其他名词、事物、含义或观念取代原来的资料。

"**除**"——"除了"，即针对原来的资料或答案，能突破常规，寻找不同的观念。

"**可**"——"可能"，即能利用联想推测事物的可能发展，或作回顾与前瞻性了解。

"**想**"——"想象"，即要充分利用想象力进行设想。想象是一种令人惊奇的思维能力，合理科学的想象，立足已知事实，根据已知的规律，充分发挥人的思维潜能。

"**组**"——"组合"，即能把一些资料（字词、事物、图形等）排列组合成另外有意义的资料。经常进行这种排列组合的训练，会使学习者的思维更富有创造性。

"**六**"——"六W"，即利用英文中的WHO（谁）、WHERE（哪里）、WHY（为什么）、WHAT（什么）、WHEN（何时）、HOW（如何）来启发和帮助自己思考问题。这样把问题进行了分解，避免了死记硬背，也相应地提高了学习者对问题的理解。

> "类"——"类推"，即将两项事物，两种观念进行直接比拟，以产生新概念。学习者深入思考这些问题，就能利用已有知识去全面、多角度分析，从而达到学科内的知识综合，产生新观点。

请你归纳陈教授的创造学习"十字口诀"属于前面讲到的学习"七大策略"中的哪几类，回顾一下你在学习中用过几种。

**活动二：** 写出你在学习或工作中与众不同的三件事，并试着分析它们的与众不同之处在哪里

**活动三：** 请你来断案

这是选自冯梦龙《智囊》中西汉孙宝断案的故事。案情如下：有一天，一个卖油炸馓子的小贩在城里被一个农民撞了一下。馓子掉在地上，全都摔碎了。农民认赔50个馓子的钱，可小贩坚持说总共有300个。馓子全碎了，已不可能再数清究竟有多少。两个人相持不下，围观者也束手无策，孙宝听说这件事后迅速解决了。假设这个案子交给你来处理，你会如何解决？

提示：

1.计算馓子的数量，除了数数，还有其他方式吗？

2.试着运用辨异求同的方法想一想。

## 评估：你理解创造性学习了吗？

本节学习了创造性学习的一些重要策略，下面请你认真思考并尝试做一做这些题目，或许对提高你的创造性学习能力会有一些帮助：

1.你常常有打破砂锅问到底的习惯吗？

2.你能够从习以为常的现象中发现别人没有发现的特点吗？

3.你每次思考问题时总是会想出多种不同的解决方案吗？

4.你在学习中总是会把曾经学过的知识都联系起来吗？

5.你非常喜欢参加辩论会吗？

6.你有很强的预测能力吗？

7.你总是会从一种思想延伸出许多新的思想吗？

作业目的：

检查你是否掌握了创造性学习策略的要点，其中包括探源索隐、辨异求同、类比模拟、趋势外推、纲要浓缩、系统思考、智力激励。

# 第二十一节　实践学习　行动导向

## 目标：实践中学习　学习中提高

人的学习经历和成长经历告诉我们，很多知识的获得和技能的掌握，不是单纯依靠书本知识能够得到的，必须在实践中学习，通过实践而掌握。

通过本节的学习和训练，你将能够：

掌握行动导向学习法的几种基本方法和程序。

> 只注重学校的学习，是人生失败的开始。
> ——哈佛大学教授柯比《学习力》

## 任务：能力本位学习的重要途径

有人把现代社会总结为"能力本位"的社会。也就是说，当今的社会，是需要实践能力，需要动手解决问题的实际能力，需要创造、创新的实际能力的社会。重视社会的能力建设是当代各国政府增强竞争力的共识，以能力为本位的培养是今天人们学习的重要价值取向。

获取能力的重要途径是实践，需要在实践中学习，在实践中提高。行动导向学习法是一种基于实践的学习方法，因此，掌握和利用行动导向学习法进行学习，是我们提高技能的重要方法。

## 准备：行动导向的学习方法

行动导向学习法是学习者同时用脑、心、手进行学习的一种学习方法，它以职业活动为导向，以能力为本位（人的发展为本位），是职业技能和核心能力培养中的一种重要学习方法。

### 一、行动导向学习法的原则

第一，从"学会学习"目标出发，使注重"教法"转到注重"学法"。将学习者的学习与发展密切结合起来，教学不仅仅是让学生"学知识"，而是要"学会学习"，还要"学会做事，学会生存，学会与他人交往"。

第二，以学为本，因学施教，"学"在人的活动中占据主体地位。"教"应因人因时施教。"教"在于对人的成长和发展起着辅助和促进的作用。采用师生互动的教学模式，教师是活动的引导者，教学的主持人，学生是学习的主体。

第三，学生的所有感觉器官都参加学习，即用脑、心、手共同参与学习。强调学习者学习动机的产生和学习兴趣的培养。

第四，通过创造某种特定的"环境"或称"情境"，围绕某一课题、问题或项目开展研究性学习活动，在良好的学习环境中进行学习，使每个学习者都有施展个性能力的机会和舞台。倡导学习者参与教与学的全过程，重视学习过程的体验，凸现学习者的体验过程、情感过程和想象过程。

第五，采用以学习者为中心的教学组织形式，进行自主探索、合作、实践式学习，在团队学习中发挥学习者的主体作用。

第六，教学方式以职业活动为导向，以学习任务为载体，采用非学科式的以能力为基础的教学模式组织教学，突破原有课堂教学上的时空概念，强化学习者信息整合能力的培养。

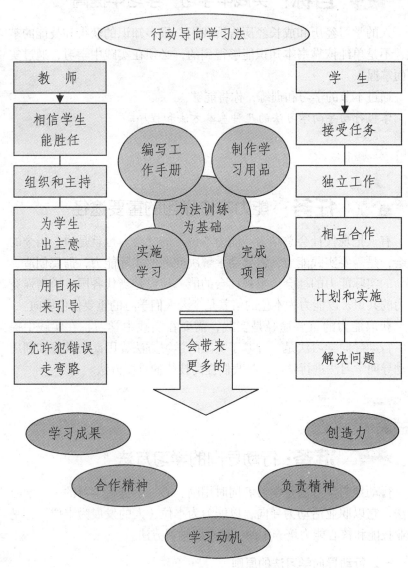

图8-2 行动导向教学和学习过程

第七，学习者综合能力的培养是在学习过程中通过展示的方式（展示自己的学习成果和展示自己的风格）来培养学习者的表达能力和工作能力，不断把知识内化为能力。

第八，采用目标学习法并重视学习过程中的质量控制和评估，学习者全程参与评价。

## 二、行动导向学习法的结构

整个学习过程是一个包括获取信息、制订计划、作出决定、实施工作计划、控制质量、评定工作成绩等环节的一个完整的行为模式。是一个以从学习主体学习行为出发，包括目标对象、学习目标、学习方法、学习内容、学习媒体和质量控制等构成的完整的学习体系。

行动导向学习法的结构：

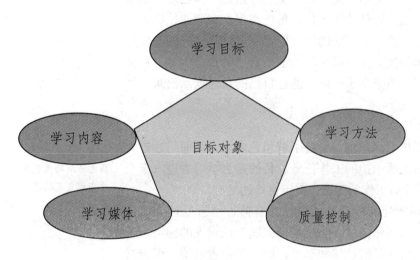

图8-3　行动导向学习法的结构

目标对象——学习者将来服务的职业岗位。

学习目标——培养学习者的岗位技能和职业核心能力。

学习方法——在学习活动和体验中进行自主式、合作型、研究性学习。

学习内容——以职业活动为中心的学习领域课程内容。

学习媒体——多种感官共同参与学习的多种教学媒体配合。

质量控制——以技能和能力评估为重点的过程评估，学生自我评估、学生互评和教师评估相结合的综合评估方式。

## 三、行动导向学习法的主要学习形式

行动导向学习的方法主要有：

（一）任务驱动学习法

任务驱动是一种探究式学习方法，适用于学习操作类的知识和技能。任务驱动的学习目标十分明确，围绕任务展开学习，在完成任务的过程中学习知识和技能。

主要的学习步骤为：

1. 任务提出。设定课题、提出要求、明确目标。

2. 教师引导。进行重点、难点分析，提供解决问题的思路，指引完成任务的途径。

3. 学研结合。教师为学习者提供理论学习和实践操作必要而充分的条件，引导学习者学、练、研相结合，探索知识规律和奥秘、寻求获取知识、掌握科学规律的方法。

4. 检验与评价。

（二）角色扮演学习法

角色有两层含义：一是角色定位；二是进入角色。角色定位意味着每个人面对各类问题，应认清属于什么角色类型；在职业领域内，每个人都处于不同的位置，有相应的岗位职责，应该下功夫的不仅是如何用好自己的知识与技能，而且要深入领悟自己的角色内涵，把岗位职责与工作内涵有机地融合于一体，通过自己的角色展示出来，做好本职工作。

1. 角色扮演法的目的与作用

培养学习者正确地认识角色，学会了解角色内涵，从而迅速进入角色，并圆满完成角色所承担的工作任务。目的是为学习者进入未来的职业岗位乃至适应今后工作的变更，奠定良好的基础。

其作用是：了解所处的社会环境与社会群体，学会处理类似情况的恰当的方法；进入问题情境，尝试处理问题，探索人的感情、态度和价值观，培养解决问题的技能和态度；激活学习者情感，引出真正的、典型的情绪反应和行为，进入新层次的情感认知境界；分析问题，提高专业能力、方法能力和社会能力。

2. 角色扮演的学习过程

（1）信息和材料准备阶段。发给角色双方相应的材料。

（2）实施阶段。双方角色扮演展示。

（3）组织讨论阶段。一是角色谈感受；二是观察者谈感受或对扮演情况的评价。不仅谈内容，而且谈场景的模拟是否得体，如声音、形象、气氛等。

（4）成果评定阶段。教师组织，肯定成绩，指出不足。

（5）经验总结与推广阶段。总结出经验，运用到其他学习环境或学习领域。

（三）案例学习法

案例学习法是通过对一个具体案例情境的描述，学习者对这些特殊情境进行讨论的学习方法。案例常以书面的形式展示出来，它来源

角色扮演的类型有：

冲突式角色扮演。

模拟式角色扮演。

决策式角色扮演。

"乌托邦"式角色扮演。

政治戏剧式角色扮演。

于实际的情境，学习者在自行阅读、研究的基础上，通过引导进行讨论。

案例就是一个实际情境的描述，在这个情境中，包含有一个或多个疑难问题，同时也可能包含有解决这些问题的方法。

案例学习的目的不是灌输真理，而是通过一个个具体案例的讨论和思考，诱发学习者的创造潜能。

在案例讨论过程中，应注意主流方向，不偏离主题；各抒己见，充分阐述自己的观点，不批驳别人的观点；认真倾听，掌握交流的重要信息；认真汲取别人的成果，丰富、完善、提升自己；结论是次要的，答案不一定非要明确；重视分析思维的过程，表述层次清楚，结构完整，语言简洁。

培养的是具有解决实际问题能力的实践高手，而不是只会解释问题的理论高手；重视的是得出答案的过程，而不是能不能得出正确答案。

（四）头脑风暴学习法

头脑风暴法是以小组讨论的形式激励思维，进行发散联想，形成创造性设想的方法。分为直接头脑风暴法（通常简称为头脑风暴法）和质疑头脑风暴法（也称反头脑风暴法）。前者尽可能激发创造性，产生尽可能多的设想的方法，后者则是对前者提出的设想、方案逐一质疑，分析其现实可行性的方法。

头脑风暴法应遵守如下原则：

1.自由联想原则。在头脑风暴会上，人们提出的意见越新颖，越离奇越好。奇异的想法不一定切合实际，但它的作用是可激发想象，突破习惯的思维模式。意见本身不一定有价值，但它能激发出有价值的设想。

2.庭外判决原则。对各种意见、方案的评判必须放到最后阶段，此前不能对别人的意见提出批评和评价。认真对待任何一种设想，而不管其是否适当和可行。

3.各抒己见原则。创造一种自由的气氛，激发参加者提出各种荒诞的想法。

4.追求数量原则。意见越多，产生好意见的可能性越大。

5.探索取长补短和改进办法原则。除提出自己的意见外，鼓励参加者对他人已经提出的设想进行补充、改进和综合。

头脑风暴学习法的图形展示，见图8-4。

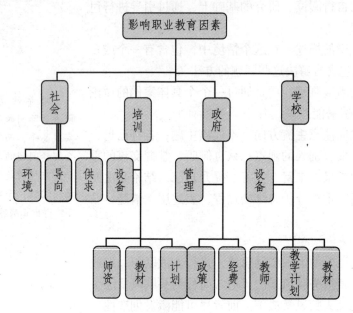

图8-4　头脑风暴学习法实例分析图（示例，还可向外延伸）

## 行动：体验创造的乐趣

**活动一：**运用头脑风暴法用气球制作新的玩具

团队开展一次小发明活动，把有相同创造发明爱好的同事或同学聚集起来，研究用气球制作新的玩具。活动由指导老师和团队负责人共同主持。活动主题由指导老师提前两天通知各成员，活动时，大家共同提出想法并进行评价。主持人围绕课题想方设法启发、引导大家发言，创造出一个轻松活泼、敢于提出创造性方案的气氛。

**请想想：**

1.你平时看到的气球玩具有哪些可以改进的地方？

2.思考和制作过程中，运用到了创造性思维的哪些思路？

3.把自己的思路与其他同学的思路对照一下，看看自己的思路有什么优势和不足。

4.如果你是主持人，你将如何主持这次"风暴会"？

**提示：**

"风暴会"程序：

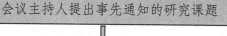

会议主持人提出事先通知的研究课题

↓

团队成员依次发表自己的发明设想

↓

根据别人的设想修正补充自己的设想，并及时笔录下来

↓

队员们互相交流，详细了解每人设想的内容

↓

思考10分钟后，队员们再进一步依次提出新的设想和补充意见

↓

指导老师将全部设想进行整理，归纳成若干方案并进行编号

↓

一周后，全体参加者对所提方案进行分析、比较，确定最佳方案

图8-5 头脑风暴会的程序

**活动二**： 在汽车维修点，汽车修理人员和被损汽车司机发生争执，争论的中心是"汽车质量问题还是人为责任"。运用角色扮演法模拟争执过程，体验热情服务顾客、得体维护公司权益的角色定位。

**请想想**：

1.这个活动中应该给双方提供什么材料？

2.过程如何实施？

3.请按照要求模拟实际全过程。

**提示**：要注意真正进入角色，找准定位。

## 评估：你是否掌握了实践学习、行动导向的要点

学完了本节内容，现在看看你是否掌握了实践学习、行动导向学习法的要点，请你认真思考并完成下列练习题：

1. 在今天的学习内容里，你是否能够熟练地运用以上学习方法？

2. 组织一次以"如何管理网络"为主题的头脑风暴会。

3. 通过以上学习，你感到有什么收获？除了学习职业岗位技能外，在职业核心能力方面有哪些收获？

4. 今天的学习过程中存在什么问题？

高

# 第二十二节 善用网络 提高效率

## 目标：利用网络学习，拥有世界

网络已经联通了全世界，物理的现实是第一世界，人类的精神世界是第二世界。在此之外，网络可以看成是虚拟的物理世界和再现的精神世界，是第三世界。掌握了网络，你就拥有了世界。

具有现代化学习观念的人，要有能力利用信息网络进行知识的探索，具备较强的自我学习能力。

通过本节的学习和训练，你将能够：

在网络和资源库上获得所需的学习资源。

很多人已经能熟练利用网络进行学习，如果你是其中的一员，这一节的内容你可以跳过去，往下学。

## 任务：提高信息素养 学会使用网络

信息正以其前所未有的迅猛态势渗透到社会的方方面面，改变着人们原有的社会空间，信息已日益成为社会各领域中最活跃、最具有决定意义的因素。如何在学习中培养自身的信息素养，提高信息感悟、信息实践能力；如何充分运用现代信息的手段和工具来获取学习资源，提高学习效率，是现代人学习的一种重要素养。网络的学习是现代人学习的重要方式。

记住：

当代社会，信息是最主要的资源，对整个社会的发展具有决定性的作用。

## 准备：网上学习的基本方法

### 一、资源搜索——门户网站Google的基本搜索

利用网络搜索信息有很多门户网站，如Google(谷歌)、Baidu(百度)、Yahoo（雅虎）等等。这里重点介绍Google的搜索方法和特点。

Google 查询快捷方便，输入查询内容并敲一下回车键，或单击

"Google 搜索"按钮，即可得到相关资料。

Google 查询严谨细致，能帮助你找到最重要、关联性最强的内容。例如，当 Google 对网页进行分析时，它也会考虑与该网页链接的其他网页上的相关内容。Google 还会先列出与那些搜索关键词相距较近的网页。

### 自动使用"and"进行查询

Google 只会返回那些符合你的全部查询条件的网页。不需要在关键词之间加上"and"或"+"。如果你想缩小搜索范围，只需输入更多的关键词，只要在关键词中间留空格就行了。

### 忽略词

Google 会忽略最常用的词和字符，这些词和字符称为忽略词。Google 自动忽略"http"，".com"和"的"等字符以及数字和单字，这类字词不仅无助于缩小查询范围，而且会大大降低搜索速度。

使用英文双引号可将这些忽略词强加于搜索项，例如：输入"柳堡的故事"时，加上英文双引号会使"的"强加于搜索项中。

### 根据上下文确定要查看的网页

每个 Google 搜索结果都包含从该网页中抽出的一段摘要，这些摘要提供了搜索的关键词在网页中的上下文。

### 简繁转换

Google 运用智能型汉字简繁自动转换系统，为你找到更多相关信息。

这个系统不是简单的字符变换，而是简体和繁体文本之间的"翻译"转换。例如简体的"计算机"会对应于繁体的"电脑"。当你搜索所有中文网页时，Google 会对搜索项进行简繁转换后，同时检索简体和繁体网页。并将搜索结果的标题和摘要转换成和搜索项的同一文本，便于你阅读。

### 词干法

Google 现在使用"词干法"。也就是说，在合适的情况下，Google 会同时搜索关键词和与关键词相近的字词。词干法对英文搜索尤其有效。例如：搜索"dietary needs"，Google 会同时搜索"diet needs"和其他该词的变种。用于搜索的你原来用词的任何变化都将在搜索结果的简述文字中标示出来。

### 英文字母大小写没有影响

Google 搜索不区分英文字母大小写。所有的字母均做小写处理。例如：搜索"google"、"GOOGLE"或"GoOgLe"，得到的结果都一样。

### 拼音汉字转换

Google 运用智能软件系统对拼音关键词能进行自动中文转换并提

供相应提示。例如：搜索"shang wu tong"，Google 能自动提示 "您是不是要找：商务通"。如果你点击"商务通"， Google 将以"商务通"作为关键词进行搜索。对于拼音和中文混和关键词，系统也能做有效转换。对于拼音"lü"，"lüe"，"nü"或"nüe"，你可输入"lv"，"lve"，"nv"或"nve"。如果拼音中没有空格，例如"shangwutong"，Google 也会做相应处理，但是在多个拼音中加空格能提高转换准确率和速度。

由于汉语的多音字和方言众多，常用发音与实际发音常常有出入，更不用说拼音输入中可能出现的错误了。Google 的拼音汉字转换系统能支持模糊拼音搜索，为用户提示最符合的中文关键词，具有容错和改正的功能。例如：搜索 "wan luo xing wen"，Google 会提示 "您是不是要找：万罗兴文 万络行文 网络新闻"，其中 "网(wang)络新(xin)闻" 是系统参考了可能会有的拼音错误后自动转换的。点击其中任一提示，Google 将以其作为关键词进行搜索。

## 二、网上传递信息的方法——使用blog（博客）分享思想

Blog，是Weblog的简称。Weblog 是在网络上的一种流水记录形式。Blog是一个在网络上发布、传递信息的新方式。先进的blog内容管理系统和工具（如订阅和RSS反馈等等）可以使得blog内容发布到成百上千的订阅者那里。blog很便于使用，允许协作发布内容。一个小小的专家团体可以在上面讨论问题并可以使得成千的读者看到。一个blog也可以是开放的，允许任何人创建新的话题并开展讨论。

Blog将一个网站变成活跃的信息发布场所，它可以作为一个交互式网站应用于一些团队，如小型公司、公司内部的部门、教派、俱乐部、学校的学生会组织等等。

Blog支持的学习功能主要集中体现在以下四个方面：

（一）积累资源，支持交流与合作

利用Blog，你可以把自己日常的学习心得和笔记随时归入其中，还可以对互联网上的各种资源进行筛选、整理，在Blog中形成主题知识库。它如同一本电子笔记本或人的第二个大脑，你在地球上任何可上网的地方都可以翻阅其中的记录。同时，利用Blog系统可以支持相互的交流与合作。Blog可以成为你学习记录和反思的工具，同学之间的学习比赛会促使大家不断完善自己的Blog学习集，启发大家不断学习和探索。由此，不仅可以提高阅读能力和表达能力，也可以提高信息素养。第三，利用Blog，你可以有机会与他人形成一个更大的交流合作圈。

（二）激发更高层次的反思和思维活动

Blog作为学习工具整合到学习过程中，与其他信息工具相比的最

大优势是门槛较低，你不需要有多高深的技术水平，只要通过上网注册，填写一定的信息就可以使用Blog。你使用Blog学习，必须要进行撰写与录入工作，这样将思考与操作结合起来，可以高度调动自己的归纳、分析、判断和数字化表达能力，按照自己的认知方式和学习风格进行表达。在这一过程中，你无形中对知识进行了二次加工，加深了对知识的理解和运用。E-Learning专家认为，Blog是利用信息技术改善思考能力的有效方式，它为你提供了审视、慎思、明辨和践行以及在彼此间进行经验交流的空间。因此，Blog不但可以反映你的进步过程，还能够激发更高层次的反思和思维活动。

（三）知识管理，提高数字化读写能力

知识管理是将可得到的各种信息转化为知识，并将知识与人联系起来的过程。知识管理是为了利于知识的生产、获取和重新利用。知识管理的基本原则是积累、共享和交流。事实上，Blog系统的基本机制和原理就是一个积累、共享和交流的过程，它既可以是个人化的行为，也可以是群体化的活动。与以往的网络知识管理工具不同的是，Blog系统的知识管理是即时的，是立体的知识管理（以时间为纵轴对知识进行纵向管理，以分类为横轴对知识进行横向管理，以群体为Z轴对知识进行深度管理）。它极大地方便了你对知识、资源的筛选、管理、搜索和分享。每个学习者都可以用数字化方式把自己的创作内容、链接的文档、图片、声音或视频文件等资源组织在一起，包括其他人所做出的评论或评价信息。由于需要用数字化的方式、多种媒体符号来管理知识，因此，它首先表现的是一种对信息化写作能力的培养。为获得更多的点击率，Blogger之间会产生竞争，从而使知识管理更有效、数字化的写作能力得到提高。

（四）实施过程评价，促进自主学习

Blog的"即事即写"特征，可以满足及时和完整地反映真实的学习过程的要求。你在Blog中记录下学习任务实现的全过程，其中包括原创信息、链接的文档、图片、声音或视频文件等资源，这样可以全面反映出你的整个学习进程和各个学习阶段的进展。借助Blog应用中的延伸技术，你可以随时回顾自己的成长足迹，并进行互评。这样，可以真正发挥你的主体作用，实现自我监督，促进自主学习。

需要指出的是，Blog作为一种新兴的学习工具，在自主学习、研究性学习、合作学习、深度思考等方面有着巨大的应用潜力，体现了独特的价值。当然Blog也不是一个万能工具，它存在着不足，需要我们冷静地思考，积极探索应对措施。例如，在你使用Blog学习的过程中，如何在"网海"中控制自己的行为进行有效学习，就是一个十分值得关注的问题。

# 行动：网海遨游，提高效率

### 活动一： 如何从google搜索信息

请你上网查询：近十年来诺贝尔文学奖获得者的名字和国籍，代表作以及作品的内容摘要，能做到吗？

### 活动二： 如何利用电脑网络学习英语

以同样的英文成绩进入同一学院。一年后，大部分同学都经过努力通过了四级考试，还有部分同学通过了六级考试。而小英不仅没有通过四级考试，并且英语课程考试成绩很不理想，同学们纷纷提醒她应该通过网络学习英语，试想想：小英该如何利用网络学习英语呢？

提示：

利用因特网学习英语同其他的手段相比，它有许多优点，如：信息量大，因特网上的信息可以说是一个取之不尽的"信息海洋"；交互性强，使用电脑可以让你在一个比较实际的语言环境中进行相互交流；知识更新快，网络上的语言，同实际的语言发展同步；电脑软件采用多媒体技术，趣味性强。这些特点可以更好地辅助学习英语，在因特网上，可以通过下面这些方法的辅助来学习英语：

1.访问英语学习网页

有些网页提供了各方面大量的英语学习信息和资料，像听、说、读、写、语法、测试、背景知识等，这些资料，包括一些声像资料都可以下载下来，如国外英语学习网页：

http://eleaston.com/english.html

http://www.eslcafe.com

http://www.aitech.ac.jp/~iteslj/

如果你想访问更多的网页，可通过搜索引擎来进行查寻，如：雅虎（Yahoo），你可以键入像："TESL"，"ESL"，"TEFL"，"EFL"，"English learning"，"English Study"，"Distance learning"等单词和短语进行搜索，你会找到你想要的信息和资料。

2.参加网上的在线英语学习

通过网上的英语学习，交流学习英语方面的经验，询问学习英语中碰到的问题。现推荐一个英语学习的服务器：www.englishtown.cn 。你可以看到大家正在网上讨论英语学习的问题，通过发送电子邮件，你可以发表你的意见，也可以提出英语学习方面的问题，有人会给予答复。

利用因特网学习英语，信息量大，交互性强，知识更新快，趣味性强。

3. 利用电子邮件参加英语学习讨论组

这种方法和在线新闻讨论组形式差不多，但这种方法更经济，缺点是没有前一种答复问题快。因特网上有许多英语学习讨论组，像英语精读讨论组、科技英语讨论组、英语写作讨论组、在华英语外教英语教学讨论组、亚洲人讨论英语学习和教学讨论组等，现推荐三个国外讨论组：

(1)英语作为外语教学讨论组，你可以发一封电子邮件给此地址：listserv@cunyvm.cuny.edu 只在信件上写上：sub TESL-L 你的名，你的姓。

(2)英语学习爱好者讨论组，你可以发一封电子邮件给此地址：Majordomo@coe.missouri.edu只在信件上写上：subscribe English-L。

(3)英国广播公司（BBC）主办的英语学习讨论组，你可以发一封电子邮件给此地址：Majordomo@lists.bbc.co.uk 只在信件上写上：subscribe BBC-ELT。

不同专题讨论组的订阅方法有所不同，当你发出预订这些专题讨论组的电子邮件后，一般你会收到两封信：一封是你被通知成功地加入到讨论组里；另一封信是说明该组的目的、使用方法以及主管人和单位的名称和地址。有的需要让你发一封按它要求的回信，有的让你读该组的章程和规定。你同意后，发回一封有你署名的邮件。这里需要说明一下，有两个重要地址：一个是发给全体专题讨论组成员的地址，该地址可以提出问题和就别人提出的问题发表你的观点，如果该组有一千人的话，这一千人都能看到你的问题和观点；另一个地址是发给该组主管人的，如你有什么技术问题或想退出该组，可以发给该地址，一定不要发错。

4. 参加电子布告栏系统(BBS)英语学习讨论

电子布告栏就像一块大公告板，你可以把有关英语学习的问题粘贴到上面，有人会做出答复，如搜狐（Sohu）BBS "英语论坛"。进入搜狐论坛网页http://forum.sohu.com/forum/index.html后，首先进行用户注册，要求你起一个名字，设一个密码，并要求你填一些其他有关内容，如：通信地址，电子邮件地址和电话等，然后进入布告栏。如果你想访问更多的电子布告栏系统，可通过搜索引擎来进行查寻，你可以键入"BBS"进行搜索。

5. 在网上交国外笔友

通过电子邮件我们可以同海外朋友进行交流与沟通。因特网上有很多交笔友的网页，在这些网页上，你可以看到来自各国的人打出的征友广告，你可以选择你要交的朋友，你也可以打出你自己的征友广告，很快你会收到同你交友的邮件。如果你想访问交友网址，可通过搜索引擎来进行查寻，你可以键入"penpal"和"keypal"进行搜索，你会找到更多的网址。

6.免费订阅英语学习杂志

因特网上有许多免费的英语学习杂志和定期发给你的有关英语学习方面的电子邮件。现推荐几个免费的电子邮件杂志：

（1）你可以发一封电子邮件给此地址：vu47-request@burger.forfree.at，只在信体上写上：subscribe vu47 和你的电子邮件地址，每周会发给你一封有学习英语词汇、短语和语法内容的电子邮件。

（2）你可以发一封电子邮件给此地址：trivia@mailbits.com，你就会每天收到一封电子邮件，对英语的一个词或一个表达形式做解释说明或说出来历和典故。

（3）你可以发一封电子邮件给此地址：up-to-date-idioms-subscribe@onelist.com，你就会每个工作日收到一封电子邮件，每次教你一个美国成语，给予解释并举例。

（4）国内的免费电子邮件杂志"英文天地"，发电子邮件给该地址：list@soim.com，主题上写：subscribe English，每周会收到三封有关英语学习的电子邮件。

7.利用因特网上的聊天室（chat room）进行英语方面的交流学习

比如雅虎聊天室，进入雅虎网页，首先进行入聊天室注册，要求你起一个名字，设一个密码，并要求你填一些其他内容，如：通信地址和电子邮件地址等，然后进入聊天室。你可以下载网上寻呼（ICQ）软件并注册得到你自己的ICQ号，随机聊天，可以随意找到你想谈的人；如果你想同某人直接用麦克风谈话，下载Buddyphone即可；如果你想访问更多的聊天室，可通过搜索引擎来进行查寻，可以键入"chat"进行搜索。

8.利用因特网可以查寻各方面英语学习方面的信息和资料

因特网上有许多查寻系统，如：字典，百科全书，图书馆等。现推荐几个查寻系统：

（1）http://www.m-w.com/dictionary，在线英语Mreeiam Webster字典。

（2）http://www.ipl.org/，网上公共图书馆。

（3）http://clever.net/cam/encyclopedia.html，网上百科全书。

（4）帮你翻译字典中查不到的汉译英的表达形式。如：http://www.chinadaily.com.cn/highlights/language/index.html 。

学习英语需要一个英语环境，由于我们不可能经常和英语是母语的人直接面对面地交流。而因特网可以从空间上拉近了世界上人与人之间的距离，把世界变成了地球村，给世界上的人们提供了更多方便。

## 评估：你的上网功夫如何

学完了本节内容，测测你的网络学习能力，下面请你自我评估：

1.你的信息收集能力、信息的加工能力以及信息的再现能力是否得到提高？

2.你能快速上网查询专业所需的资料吗？

3.你可以上网与他人交流、评议相互的作品吗？

**作业目的：**

检查你是否具备了一定的网络学习的素养和能力，其中包括对专业信息的快速搜集与分析、能上网与他人交流学习体会与思想情感。

# 单元综合练习

**活动一**：李明准备应聘一家销售"小灵通"的公司的业务员，请你帮助他做如下准备工作：

1. 通过网络查找10篇有影响的有关"小灵通"性能与销售的文章，并告诉他如何才能有效地去学习。

2. 提出10个很有针对性的"小灵通"性能与销售的问题，并选择其中一个问题与你的三位同学一起讨论，看谁对问题的理解更加新颖。

3. 拟订一份"小灵通"销售创意方案。

**活动二**：写出你在未来一个月需要完成的十件事，并根据"要事第一"的原则对它们进行分类，然后按重要程度做出一份月工作计划

**活动三**：列出100个创业金点子

成就一番事业是每个人都梦寐以求的，但苦于不知如何创业。你可邀请朋友出出主意。方法如下：

你可邀请10个同学（同事、朋友），让大家每人至少提出10个创业的设想，任何人不能评价好坏，提得越多越好。提够100个后，大家讨论评判，剔出50个大家认为问题比较大的设想。过几天后，再让大家无限制地提设想。几次后，就可列出100个创业金点子了。

不妨把"创业金点子"改为自己需要大家帮忙的内容试一试，看是否有大的收获，众人拾柴火焰高嘛。

# 第九单元　反馈评估效果

### 能力培训测评标准

在反馈和评估学习效果时——

从两个方面检查你所取得的进展，汇总学习成果的材料，并拿出你在新的工作上可利用以前工作经验的事例。

在检查学习进度和成果时，能够：

1. 拿出你已经学到的专业课程、技能，包括核心能力和业余兴趣。

2. 指出你应用的资料、学习方式和学习成功的经验。

3. 分析影响学习效果的因素，以及你对学习的兴趣和面临的困难。

4. 指出你已经实现了的学习目标。

5. 证明新学到的东西能用于你新选择职业或工作任务。

6. 提出你自己的观点并听取他人的意见，以进一步促进你的工作能力，包括你的工作质量、学习方法，以及你的职业发展。

（摘自《职业核心能力培训测评标准〈自我学习能力单元〉》高级）

通过总结，使自己的知识系统化；通过反馈，使自己的学习更有成效。

现在进入高级部分的"反馈和评估学习效果"阶段了。在前列的《职业核心能力培训测评标准》中，这个阶段的活动要素中包括了四个能力点：

1. 自我评估总结。能展示自己的学习结果，自述自己的学习方式和成功的经验。

2. 分析原因现状。能指出已经实现了的学习目标。

3. 运用学习成果。能分析影响学习效果的因素及对学习的兴趣和面临的困难。

4.不断改进学习。能证明新学到的东西能应用于新选择的职业或工作任务，并能够提出自己的观点并听取他人的意见，以促进自己的工作和学习。

根据上述能力点的要求，本单元共分两节：第一节重点训练你如何促进学习迁移，学会更好地学习和在自己的工作生活之中应用学习成果；第二节重在训练你全面分析评估自己的学习效果，用现代的学习理念指导自己的学习。

高

# 第二十三节　运用成果　主动迁移

## 目标：学会迁移，做聪明的学习者

古人讲举一反三、触类旁通，意思是，掌握某种知识后，对相类似的东西可以联系已学的知识，不学自通，这就是学习的迁移现象。聪明的学习者就是这类"触类旁通"者。在学习过程中，到处可以看到迁移现象。学习中有正迁移，也有负迁移，如掌握英语的人学起法语来就比较容易；会骑自行车的人比不会骑的人学开摩托车要容易一些；会拉二胡的人，再学习弹三弦、拉小提琴，也比较容易。这是正迁移，此外，也可以看到一些与此相反的现象，如学汉语拼音对有些英语字母语音的学习常常发生干扰；习惯于右脚起跳的跳高技能对掌握用左脚起跳的撑杆跳高也有干扰作用，这是负迁移。

通过本节的学习和训练，你将能够：

1. 掌握促进学习迁移的途径与方法。

2. 应用有效的措施来促进正迁移，避免负迁移。

## 任务：你能 "举一反三" 吗？

学习迁移的意义不仅在于它能给我们带来事半功倍的学习效率，而且能够充分地发挥学习的有效作用，最大限度地激发我们的潜能，培养发现问题、分析问题和创造性地解决问题的能力。学习的目的不是把知识贮存于大脑之中，而是要转变为实践的能力，去解决不同情景的问题，这要通过迁移来实现。能力的形成和发展是通过知识的广泛获得及广泛的迁移实现的。

有人曾做过这样的实验，向刚毕业的大学生问一些在中学阶段曾记得滚瓜烂熟的知识，比如："石蕊、酚酞这两种化学试剂遇酸或碱各会变成什么颜色？"结果，绝大多数受试者不能完整、准确地回答。你是否也有这样的情况呢？请你先通过以下的问题做一次自我检查：

1. 你在学习时是孤立地学习，还是总是联系过去所学过的知识系统学习？

2.你是否感觉学过的东西总是记不住？

下面就请你进入促进学习迁移的学习与训练。

# 准备：学会"迁移"要诀

迁移分为正迁移和负迁移两类，前者是一种学习对另一种学习产生的积极的促进作用，后者则是干扰作用。如何促进学习正迁移呢？

## 一、掌握基本知识、基本技能

基本知识、基本技能合称为"两基"，它们与具体事物之间有千丝万缕的联系，适用性很强，容易促进学习的正迁移。心理学家贾德1908年曾做过一个实验：让学生射击水面下的靶子，第一组学生，事先学习光的折射原理，然后打靶；第二组学生，事先没有学习光的折射原理，只让他们打靶。结果是：当靶子在水面上1.2寸时，两组成绩大致相同。当靶子在水面下4寸时，第一组能根据光的折射原理和打靶目标的不同深度，对瞄准作了适当调整，射中了目标，取得良好成绩；第二组学生，受到错觉的影响，打靶远离目标，成绩不好。实验证明，掌握基本理论和基本概念是迁移的一个重要条件。因此，要产生迁移，应该正确、全面掌握好基本技能和基本知识。

## 二、合理组织学习材料

学习内容确定后，如何组织材料、如何编排学习内容，就成为重要的任务。因为，同样的内容，如果编排得好，迁移的作用就能充分地发挥，学习中就省时省力；如果编排不好，迁移的效果就小，甚至产生负迁移。许多学习材料虽然内容繁杂，但彼此是有联系的，因此，在学习中要努力挖掘各种知识之间的关联，同时要明白它们的异同点，促进新旧知识相结合。心理学家告诉我们，事物之间的关系是迁移不可缺少的因素，因此，为了促进迁移，必须从事物的整个关系模式中认识事物，除了要了解事物的全貌和整个情境外，还要学会如何辨认各种现象或需要解决的问题的特点，沟通已知材料与新材料的联系，才能顺利实现学习的正迁移。在学习中，应注意把各门学科及同一学科的前后教材结合起来，掌握学习内容的整体结构，把握事物的整体关系，弄清各种知识的联系，融会贯通，以促进迁移的产生。

如何在学习过程中发挥迁移的作用主要在于合理处理学习程序。学习程序主要包括两个方面：一是宏观方面，即整体安排。学习中应将基本的知识、技能和态度作为学习的主干结构，并依此进行学习。二是微观方面，即每个单元、每一节课的学习程序的安排。在具体的学习过程中，要根据素材的难点、重点，结合自身的智力特点、知识程序，来把那些具有最大迁移价值的基本知识、基本技能的学习放在首位。把那些概括性高、派生性强的主干内容突出出来，以使自己在学习中能顺利地进行迁移。同时，在安排学习程序时要考虑循序渐进的原则，即先学什么，后学什么，确定好学习的先后程序。

### 三、提高概括水平，加强理解

概括是迁移的核心，学习迁移的效果依赖于概括水平的高低，一般而言，已有知识经验的概括水平越高，迁移的可能性越大，效果越好；已有知识经验的概括水平越低，迁移的范围越小，效果也越差。因此，在学习中要特别注重对基本概念、基本原理的理解和掌握。掌握的越扎实，理解的越深刻，对新问题的适应性也越强，越容易引起广泛的迁移。

### 四、培养比较能力

通过比较可以更准确地抓住事物的特征和本质。"没有比较就没有鉴别"。具有类似性的东西容易引起迁移，特别是具有形式类似而实质相异的东西容易产生负迁移，我们要设法把它们区别开来。在运用已有知识时，我们既看到了新旧知识的共同点又抓住了其不同处。这是促进迁移，防止干扰的重要方法。

### 五、克服定势的消极影响

定势也叫心向，是指一定的心理活动所形成的准备状态影响或决定着同类后继心理活动的趋势。也就是说人的心理活动的倾向性是由预先的准备状态即定势所决定的。例如，人在重复感知10—15次两个不同大小的球后，对两个大小相同的球也会感知为不同。这就是过去的感知对当前事物的感知所产生的定势现象。

定势有积极的一面，它反映出心理活动的稳定性和前后一致性。比如，短跑选手在听到"预备"口令之后准备起跑的姿势，就是一种积极的定势；学习了完全平方公式和平方差公式以后，用它们来分解因式，对诸如$9-x^2-y^2+2xy$，$b^2-x^2+2xy-y^2$，以及$a^2-2ab+b^2$等题目的解答，就可以很容易地完成，对日后再次遇到这种形式的题后，可以迅速实现迁移，提高解题的效率。

定势也有消极的一面，它妨碍学习者思维的灵活性，不利于智力的形成和发展，使心理活动表现出惰性，显得呆板，而不利于适应环境，有碍于解题的速度和灵活性。

因此，我们既要利用定势的积极作用迅速掌握解决一类课题的方法，同时又要变化课题，具体问题具体分析，防止定势的干扰。

> 美国心理学家比格指出："学习的效率大半依学生们所学材料可能迁移的数量和质量而定。因而，学习迁移是教育最后必须寄托的柱石。"

> 迁移是人类认知的一个普遍特征，因为新的学习总是建立在原有学习基础之上的。

### 六、加强学习方法的指导

学习指导包括老师的指导和学习者的自我指导，两种类型的指导都对迁移产生影响。有指导的学习和无指导的学习，其迁移的效果大不相同。只要指导正确，符合学习者的特点和学习规律，有指导的学习就能减少负迁移的消极影响，增加正迁移的机会，避免盲目尝试，节省学习时间。

> 机遇总是为那些有准备的头脑准备着。

学习方法的指导是促进学习迁移的一个重要方面，也是学会学习的关键。一旦掌握了正确的学习方法，不仅对科学概念的理解和掌握不会犯错误，而且能获得良好的迁移效果。

### 七、创造迁移的情境

迁移不是自发产生的，也不是自动出现的。正如"机遇总是为那些有准备的头脑准备着"一样，迁移的产生靠的也是广泛的积累，积极的准备。我们在学习中要注意唤起自己已有的经验，使理论与典型事例联系起来。学习的迁移是一个长期复杂的过程，我们必须一步一步，持之以恒地走下去。同时应根据自己接受知识的顺序，使迁移由已知到未知，由浅入深，由简到繁，由易到难。这样，我们才能不断进步。

## 行动： 善用迁移 事半功倍

**活动一：** 给赵明的七项注意——促进学习迁移的七项学习原则

赵明很佩服和羡慕某些同事，因为他们新知识学得快，用得又好，而且每天都很开心。赵明总是迷惑不解，他花了大量的时间学习，也听了不少有关学习方法的讲座，学习仍然进步不大，而且弄得很疲惫。同事们发现他学习方法呆板，从不注意总结学习成果，总是孤立地学习。请你给赵明一些帮助。

**试想想：**

1.赵明该如何克服学习障碍？

2.赵明该如何有效利用学习迁移进行高效学习？

**提示：**

1.确立明确而具体的学习目标

学习目标是学习活动的导向，是学习评价的依据。在实际学习过程中，在每个新的知识单元学习之前确立具体的学习目标，是促进学习迁移的重要前提。

**2.合理编排学习内容**

学习内容如果编排得好,迁移的作用就能得到充分的发挥,学习中就省时省力;如果编排不好,迁移的效果就小。编排学习素材要做到使材料结构化、一体化、网络化。突出学习材料的共同要素,突出学习材料的内在联系、学习材料的组织结构和应用价值。

**3.有效设计学习程序**

学习程序主要包括两个方面:一是宏观方面,即整体安排,先学什么,后学什么。二是微观方面,即每个单元、每一节课的学习程序的安排。要根据学习内容的难点、重点,结合自身的智力特点、知识程序,把那些具有最大迁移价值的基本知识、基本技能的学习放在首位。把那些概括性高、派生性强的主干内容突出出来,从而在学习中能顺利地进行迁移。

**4.扎实基础知识和基本技能**

在基础知识和基本技能的学习中,尽量在回忆旧知识的基础上引出新知识,尽量突出事物间的内在联系,强调新旧知识之间的共同要素。这样不但可以复习旧知识,也可以更好地理解掌握新知识。

**5.注意对学习内容进行概括**

基本概念的掌握与概括能力是密不可分的。如果具有独立地分析、概括问题的能力,能觉察到事物之间的内在联系,善于掌握新旧知识、新旧课题的共同特点,这就有利于知识和技能的迁移。概括能力越强,越能反映同类事物间的共同特征和规律性联系,就越有利于迁移的产生。

**6.学习中多用比较的方法**

在学习上应用比较的方法,可以帮助我们全面、精确、深刻地分析不同学习材料的异同。对学习材料进行系统的比较,可以帮助全面、精细而深入地理解和掌握学习内容。促进正迁移,防止负迁移。

**7.重视学习策略与学习方法**

为了促进学习迁移,必须重视学习方法的指导,把学习策略作为一项重要的学习内容突出出来。

**活动二:** 分析华罗庚的学习成果迁移方法

先看案例:

---

·案例·　　　　　　　**数学家华罗庚与优选法**

华罗庚(1910.11-1985.6)是世界著名数学家,主要从事解析数论、矩阵几何学、典型群、自守函数论、多复变函数论、偏微分方程、高维数值积分等领域的研究与教授工作并取得突出成就。在国际上以华氏命名的数学科研成果有"华氏定理"、"怀依—华不等式"、"华氏不等式"、"普劳威尔—加当华定

---

理"、"华氏算子"、"华—王方法"等，他为中国数学的发展作出了举世瞩目的贡献，被列为芝加哥科学技术博物馆中当今世界88位数学伟人之一。

　　华罗庚1910年11月12日出生于江苏金坛县。1924年从金坛中学初中毕业后，因家境贫寒，年仅14岁的华罗庚便在父亲经营的小杂货铺里当伙计。他的中学老师王维克很欣赏他的数学才华，鼓励他自学数学。19岁那年，华罗庚突然染上伤寒，此后在腿部留下了残疾。在病痛和贫困前，华罗庚没有失望，反而更加迷恋数学，他四处寻找数学书自修。20岁时，他以一篇论文轰动数学界，被清华大学请去工作。

　　1936年，华罗庚被保送到英国剑桥大学进修，两年中发表了十多篇论文，引起国际数学界赞赏。1938年，华罗庚访英回国，在西南联合大学任教授。1946年秋，华罗庚远赴重洋，来到世界最著名的数学中心——普林斯顿高级研究所工作，随即又被聘为伊利诺斯大学教授。1950年，华罗庚毅然放弃了在美国优越的工作条件和优厚的生活待遇，举家返回祖国。从此便将全副精力投身于祖国建设。

　　华罗庚是我国最早把数学理论研究和生产实践紧密结合，并做出巨大贡献的科学家。华罗庚受毛泽东的《实践论》启发，坚持到群众中去，第一次使数学从书本走向生产实践，在应用数学的推广方面取得了举世瞩目的成就。1964年，华罗庚给毛泽东写了一封信，建议在生产实践中推广优选法和统筹法，认为可以提高管理水平和效率。毛泽东的回信是十几个苍劲有力的大字，其中称赞他的想法"壮志凌云，可喜可贺"。受此巨大鼓舞，他在两年间走遍祖国的山山水水，深入到工厂、矿山，用深入浅出的语言向工人和农民介绍优选法和统筹法。从1965年开始，华罗庚将工作重心放到数学在工农业生产的普及方面，他选择以改进工艺为主的"优选法"和以改善组织管理为目的的"统筹法"进行普及，他撰写的以这两种方法为内容的小册子，深入浅出，普通工人也能读得懂。他还身体力行，几乎跑遍全国加以宣讲。这些方法的运用创造了巨大的物质财富和经济效益。

（网络资料 支喜梅编写）

分析思考下列问题：
1. 从学习迁移的角度分析数学家华罗庚的成就中突出的事例。
2. 反思自己的学习活动中正迁移的事例。

## 评估：你学会了如何主动迁移吗？

　　学完了本节内容，现在看看你是否掌握了学习迁移的要点。下面请你认真思考这样几个问题：

1. 你开始注意新旧知识之间的联系并利用这种联系进行学习了吗?

2. 分析一下容易忘记的知识原因是什么?

3. 你掌握了哪些促进学习迁移的方法?

**作业目的：**

检查你是否掌握了学习迁移的要点，包括合理安排学习内容与组织学习资料，提高概括水平，加强理解，研究学习方法等。

# 第二十四节 全面评估 展示成果

学习/规范

## 目标：确立"四个学会"的学习评价观

上世纪90年代，联合国教科文组织21世纪教育委员会明确提出了教育的四大支柱：学会认知（learning to know）、学会做事（learning to do）、学会合作（learning to live together）、学会做人（learning to be）。现在，这四个支柱已经成了世界教育发展的共同理念，成了现代学习的重要理念。

学习的目的，不仅仅是为了应付考试，而且是为了自己职业生涯的发展和生活的幸福，在评估自己的学习成果时，我们不能仅仅依据考试的卷面成绩，而应从人的全面发展——学会认知、学会做事、学会共处、学会做人等方面进行全面的分析。

通过本节的学习和训练，你将能够：

1. 根据自己实际，评估自己全面发展的学习效果，确立自己学习的正确方向。

2. 完成从学习人到职业人的转变。

## 任务：学习是为了提高综合素养

鲁迅笔下的孔乙己是旧时代的迂腐知识分子，他"读过书，但终于没有进学，又不会营生；弄到将要讨饭了"，他记忆储藏了"知识"，他满口"之乎者也"，知道"回"字有四样写法，但他的知识没有使他成为健康幸福生活的人，结果是，腿被人家打断，瘦骨嶙峋，用手爬过来买酒喝。孔乙己是那种"读死书，死读书，读书死"的学习者的生动写照。

学习是为了生存，为了发展，学习本身不是目的。在今天变化迅速的时代，学习更应该是为了提高做事的能力，提高与人共处的本领，提高生活的质量。学习目的是为了提高自己的综合素质，是为了全人的发展。

因此，把全面发展、全人发展作为评价自己学习效果的标准，是我们今天学习的出发点和归宿。只有这样，我们才能不把学习看成负担，看成短暂的任务，看成单纯的背书应考。

# 准备：新的学习观念 新的发展起点

## 一、确立新的学习观念

### （一）终身学习观念

终身学习认为，生活本身即是持续不断的学习过程，经由自己自发而有意识地选择安排学习机会和学习方式。这种观念要求我们，人人都有学习向上的动力，都具备学习的意愿、动机和习惯，自己有安排组织学习的能力，有发现问题并自己加以解决的能力，能够享受和体验学习所带来的成就与喜悦。

下面是促进终身学习的16个习惯，对照一下，你是否全有？

### 促进终身学习的习惯

1.寻找并接受新的挑战。

2.阅读，阅读，再阅读。

3.用百度等搜索网站搜索资料。

4.收听新闻和信息。

5.探索新科技，特别是学习互联网知识。

6.与不同的人交谈，特别是与你意见相左的人。

7.改变你的日常生活方式。

8.将常去图书馆或博物馆看看。

9.当有人问你"想不想试一试"时，回答"想"（在理智的判断下）。

10.学习新的词汇。

11.尝试新的业余爱好。

12.不看已经看过的节目。

13.到没有去过的风景胜地旅游。

14.经常查阅你不懂或不确定的词汇。

15.听课或参加培训。

16.常翻字典或百科全书，随意读其中的一些词条。

### （二）全面学习观念

全面学习观念是把学习作为一个大的系统，全方位整合的学习观念。

1.学习的内容是广泛而全面的

不仅包括知识、技能的学习；还包括情感、态度、方法、道德、品质和行为习惯的学习。

2.学习过程要注重人的整体性发展，正确把握知识性与发展性的内在统一

学习是个体性与社会性的统一，学习的主体不仅包括个体，还包括团体乃至整个社会。学习首先是个体化的行为，别人无法替代。同时个体的学习活动只有在社会文化环境中才能得以进行，每个人的学习又构成整个社会的学习。未来社会是一个学习化的社会，强调合作学习，而不是竞争学习。要学会在合作中竞争，在竞争中合作。

3.学习的形式和途径是多样的

包括：各种正规的、有系统的学习（学校、系统自学）；各种偶然的、无意识的、自发的非正规的学习（交谈、看电视、听广播、上网、游戏、生活中见闻与感受等）。人世间有两大部书：有字书和无字书，无字书比有字书更为重要，要学会在使用中学，在生活中学，在交往中学，从经验中学。

4.学习是一个动态过程

学习包括：知识的输入、输出和反馈调节。输入指听课、读书、交流、联系实际等；输出指运用输入进来的知识解决问题（练习、作业、解决实际问题等）；反馈调节指对学习过程进行监控，找出优点和不足，不断改进学习方法，优化学习结构，提高输入和输出的质量。

5.学习者是学习的主人

人是一个具有自我意识、能够自主选择和控制自身行为的主体，是自己生活的主人。学习是一个主动的行为：要学、爱学、善学。

（三）全脑学习观念

学习是人全身心参与的活动，包括：身体器官的参与；智力因素（注意力、观察力、记忆力、思维力、想象力等）的积极参与；非智力因素（兴趣、动机、情感、意志、性格等）对学习的支持和动力作用。学习必须充分发挥智力因素和非智力因素的综合效应，提高学习成效。全脑学习是一种大学习观，由知识的学习、方法技能的学习和情感态度的学习三个方面构成。全脑学习的主旨在于调动学习主体的全部积极因素，投入到训练人的高智商的学习活动中。

（四）全面评估的观念

学习是提高自己的过程，除了提高知识、技能，促进智能的发展外，对情感、态度、道德、品质和行为习惯的形成与发展也会有帮助。此外，自我学习是人的重要的核心能力，学习能力的提高，学习的过程和结果能带动其他核心能力的发展。因此，评估学习要立足于

> 你若想做，会找到一种方法，你若不想做，会找到一个借口。
>
> ——阿拉伯谚语

人全面发展的衡量。

1.学习能力与与人交流能力

与人交流能力是指在与人交往活动中，通过交谈讨论、当众演讲、阅读并获取信息，以及书面表达等方式，来表达观点、获取和分享信息资源的能力。而与人交流的基础——听、写、读、写技能，也是学习能力的基本技能。学习能力的提高必然带动与人交流能力的提高。

2.学习能力与信息处理能力

信息处理能力是指运用各种方式和技术，收集、开发和展示信息资源的能力。学习本身就是处理学习资源的信息，提高了学习能力，实际上也是提高了个人处理信息的能力。在现代技术飞速发展的今天，没有学习能力的提高，就没有信息处理能力的提高。

3.学习能力与与人合作能力

与人合作能力是指根据工作活动的需要，协商合作目标，相互配合工作，并调整合作方式不断改善合作关系的能力。当今科技迅速发展，学习的内容和方式发生了很大的变化，合作学习是学习的重要形式，它是将学习能力和与人合作能力有机结合。在工作的合作过程中，实际上也是相互学习的过程。自我学习能力的提高必然带来与人合作的能力提升。

4.学习能力与解决问题能力

解决问题的能力是指能够准确地把握事物发生问题的关键，利用有效资源，提出解决问题的意见或方案，并付诸实施进行调整和改进，使问题得到解决的能力。而学习能力与解决问题的能力，是密不可分的。要解决问题，必须提高学习能力。提高学习能力的过程，也不断地提高了解决问题的能力，二者也是相辅相成的。

5.学习能力与创新能力

创新能力是指在工作活动中，为改变事物现状，以创新思维和技法为主要手段，能提出改进或革新的方案，勇于实践并能调整和评估创新方案，以推动事物不断发展的能力。创新需要学习，学习是创新的基础，学习的目的是为了创新，提高了学习能力，也必然带来创新能力的提高。

---

·案例·　　　　有学习能力，才会有创新能力

邱丽孟接任台湾微软总经理后，台湾微软一路增长，去年在微软全球70多个分公司中脱颖而出，获得最佳分公司奖。邱丽孟回忆，当上司告知她将获得提拔，晋升为台湾微软总经理时，她颇为意外，忍不住问："为什么是我？"上司告知她的理由很简单："为什么不是你？你的学习能力很强！"在知识经济、信

息技术行业，"创新"是核心与关键。对于不确定性相当高的信息技术行业来说，创新能力在领导力的结构中，优先于其他因素，显然，微软对CEO的领导力就持有这样的评价。对信息技术行业这种高度不确定性的产业，要创造企业价值，必须敏锐掌握环境与技术变化的知识，并快速应对与创新。这样的创新能力，根源在学习能力。学习能力可以产生其他的能力。邱丽孟认为，IT行业的CEO碰到的问题永远是方法、路径模糊的居多数，要不然就是跨部门、冲突性问题，如何分辨出适当的路径，靠的就是长期学习而内化成近乎直觉的洞悉力。

## 二、展示自己的学习效果

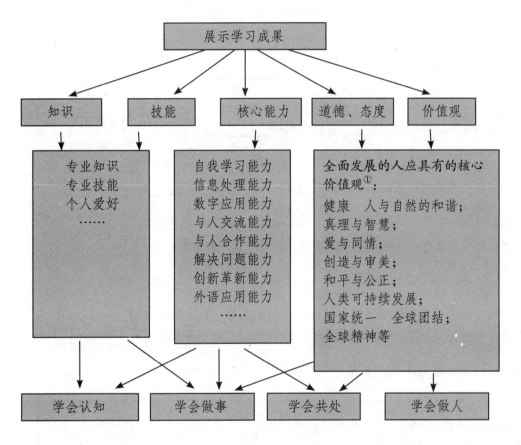

图9-1　全面展示学习效果

① 《学会做事——在全球化中共同学习和工作的价值观》，联合国教科文组织国际
　教育和价值观教育亚太地区网络编著，人民教育出版社2006年5月版。

# 行动：走向全面发展之路

**活动一：** 学习运用创新方法

找出一个你愿意从事的创造性的活动领域——工作中的一个课题、一种人际关系或一种新活动——有意识地运用创造性过程的步骤。当你完全沉浸在这个过程中时，在你的笔记本上做好记录，叙述你从事创造性活动的每一个步骤和取得的成果。

1.你对创造性的环境进行的全面和深入的探讨：＿＿＿＿＿＿＿

＿＿＿＿＿＿＿＿＿＿＿＿＿＿＿＿＿＿＿＿＿＿＿＿＿＿＿＿＿＿。

2.专心致志使大脑处于最佳状态的情况：＿＿＿＿＿＿＿＿＿

＿＿＿＿＿＿＿＿＿＿＿＿＿＿＿＿＿＿＿＿＿＿＿＿＿＿＿＿＿＿。

3.采取措施促使创造性的思想产生的情况：＿＿＿＿＿＿＿＿

＿＿＿＿＿＿＿＿＿＿＿＿＿＿＿＿＿＿＿＿＿＿＿＿＿＿＿＿＿＿。

4.为创造性思想的酝酿成熟留出时间的情况：＿＿＿＿＿＿＿

＿＿＿＿＿＿＿＿＿＿＿＿＿＿＿＿＿＿＿＿＿＿＿＿＿＿＿＿＿＿。

5.当创造性的思想一出现就要及时抓住，并进行跟踪的情况：

＿＿＿＿＿＿＿＿＿＿＿＿＿＿＿＿＿＿＿＿＿＿＿＿＿＿＿＿＿＿。

将上述记录，作为你将来开展创造性工作时的参考。具体操作方法和内涵，可参看《决定一生的八种能力》（[美]约翰·钱斐著）。

**活动二：** 分析史泰龙的成功

---

· 案例 ·　　　　　　　　明 星 之 路

他已经记不清这是第多少次碰壁了，躺在苏顿旅馆又脏又小的房间里，听着窗外寒风怒号，史泰龙心里有几分凄楚悲凉。他不是一个轻易向逆境低头的人，来纽约"闯荡"之前，对可能遇到的挫折也有心理准备。但半年已过，一家一家的电影公司将他拒之门外，今天试镜时导演的奚落训斥还在耳边震响："你那么凶巴巴地干什么？你这样足以吓死未成年的孩子。"

在迈阿密大学戏剧专业学习时，校方莫名其妙地对史泰龙抱有极大的偏见，认为他是个不可造就的人。但史泰龙没有自暴自弃，他从自己学习创作和表演的

---

过程中，感觉到自己有这方面的潜能，最起码对这方面有极大的兴趣。学校不适合他，差3个月就要毕业时他退学了，要到纽约去圆自己职业电影演员之梦。

旅馆里愤懑之余，史泰龙开始冷静地反省自己。他在想，应聘演员有点儿像是"赶考"，应聘结果是对自己学业水平的综合评价，屡屡失聘，说明自己功力不到，学习的内容和方法有必要改进。他想到，纽约演艺圈人才济济，自己初来乍到，要让人家认可一个无名小卒，难度可想而知。创作也是自己兴趣所在，能不能先从写剧本入手，当了编剧再作演员呢？困难再大，初衷不改。主意已定，他把以前保存的关于电影剧本写作的书籍全翻出来，关在屋子里一鼓作气写出了平生第一个电影文学剧本，送给几个制片商去接受"测评"。

又是一次冷遇。再写第二个、第三个，幸运之神仍未降临。此时的史泰龙已囊中羞涩，23岁的他又不愿向家里伸手要钱。流浪打工之余，史泰龙再次分析自己的处境：看书偏少，思路不够开阔；电影行业前沿把握不透；创作和谋生在时间上产生了矛盾……

找到了影响学习效果的原因，史泰龙调整了自己的学习策略，一旦打工收入能够维持生计，他抽空就跑图书馆，创作理论、名著名篇，他如饥似渴地研读。电影行业的报刊，他每天必看，各种动态了然于心。如看到有招聘演员的信息，他仍去应聘，千方百计谋求一个角色，哪怕当个群众演员也行——他太需要钱了，最尴尬的时候他口袋里只剩下25美分。对创作和表演的狂热，激发了史泰龙的狂热，激发了史泰龙不尽的功力。他把住处的玻璃窗漆成黑色，以尽量减轻外界的干扰，有时一天也不出房门，夜以继日地赶稿子，……终于有一天，一家电视台看上了他的一个剧本，付给他2500美元的报酬。

学习的"成果"，得到了社会的认可，史泰龙受到了极大的鼓舞。后来，他的力作《洛奇》脱稿了，一家制片商非常看重，愿出35万元购买版权，对史泰龙来说，35万元意味着完全可以"脱贫"，但他当演员的夙愿一直没有泯灭，所以坚持《洛奇》中的主角由他自己来演。制片商对这位名不见经传的小伙子能否演好实在吃不准，最后史泰龙坚持：不让我演，剧本100万也不卖。

35万的剧本只付2万，条件是史泰龙主演该片。史泰龙多年的积淀得到了充分的喷发，剧本成功了，史泰龙也因扮演洛奇而一炮打响，成了美国影坛上的一颗新星。

分析：

1.史泰龙是怎样不断总结自己的学习的？

2.史泰龙成为影坛新星的秘诀是什么？

案例点评：

经常反思分析，总结自己，找出问题所在，而后重点改进，是史泰龙走向成功的"秘诀"之一。有的人就忽视这样做，"一条道儿走到黑"，浪费了许多光阴；也有的人一遇挫折，万念俱灰，由怀疑到放弃，这两种作法都不可取。人生道路上充满了挑战，也蕴含着诸多机遇，胜出者往往是清醒而顽强的人。一次"应考"，一次收获，成与不成均有一次提高。（白君堂）

## 评估：你能全面评估自己学习的成果吗

通过本节的学习和训练，你是否具有了下列能力？请你自我评估或请老师展示，请老师评估：

1. 拿出你已经学到的专业课程成绩、职业技能，包括核心能力和业余兴趣方面取得的成果，证明你的学习成效。

2. 指出你应用的资料、学习方式和学习成功的经验。

3. 指出你已经实现了的学习目标。

4. 证明新学到的东西能用于你新选择的职业或工作任务。

5. 说出你对学习的新认识。

**作业目的：**

能够掌握新的学习观念的基本内容，准确评估自己的学习成果。

# 单元综合练习

**活动一：** 分析案例，找找他们之间差距在哪里？

---

·案例· 　　　　　　　　**他们之间差距在哪里？**

　　两个同龄的年轻人同时受雇于一家饭店，并且拿同样的薪水，可是一段时间后，叫阿德的那个小伙子青云直上，而那个叫布鲁的小伙子却仍在原地踏步。布鲁很不满意老板的不公正待遇。终于有一天，他到老板那儿发牢骚了。老板一边耐心地听着他的抱怨，一边在心里盘算着怎样向他解释清楚他和阿德之间的差别。

　　"布鲁！"老板开口说话了，"你现在到集市上去一下，看看今天早上有什么卖的"。

　　布鲁从集市上回来向老板汇报说，今早集市上只有一个农民拉了一车土豆在卖。"有多少？"老板问。

　　布鲁赶快又跑到集上，然后回来告诉老板一共四十袋土豆。"价格是多少？"布鲁又第三次跑到集上问来了价格。

　　"好吧，"老板对他说，"现在请您坐在这把椅子上一句话也不要说，看看阿德怎么说。"

　　阿德很快就从集市上回来了。向老板汇报说到现在为止只有一个农民在卖土豆，一共四十口袋，价格是多少多少；土豆质量很不错，他带回来一个让老板看看。这个农民一个钟头以后还会弄来几箱西红柿，据他看价格非常公道。昨天他们铺子的西红柿卖得很快，库存已经不多了，他想这么便宜的西红柿，老板肯定会要进一些的，所以他不仅带回了一个西红柿做样品，而且把那个农民也带来了，他现在正在外面等回话呢。

　　此时老板转向布鲁，说，"现在您肯定知道为什么阿德的薪水比你高了吧！"

---

请你思考如下问题：

1. 布鲁为什么得不到重用？
2. 学习的最终目的是什么？
3. 学习效果的最好的展示方式是什么？
4. 你从中学到了什么？

**活动二：** 你过去学习过的哪些知识或技能，对你现在的学习或工作帮助最大？为什么？

参考文献：

1.《教育—财富蕴藏其中》，雅克·德洛尔等，教育科学出版社 1996.12。

2.《学习的革命》，[美]珍妮特·沃斯、[新西兰]戈登·德莱顿著，顾瑞荣、陈标、许静译，上海三联书店 1998。

3.《学习力》，[美]柯比著 金粒编译，南方出版社 2005.1。

4.《学习风格与大学生自主学习》，陆根书、于德弘著，西安交通大学出版社 2003.11。

5.《自我调节学习》，[美]Barry J.Zimmerman、Sebastian Bonner、Robert Kovach著，姚梅林、徐守森译，中国轻工业出版社 2001.7。

6.《成功学习百分百》，[美]辛西亚·汤白斯著，徐绍知、肖小军等译，新华出版社 2001.1。

7.《学习指导的理论与实践》，钟祖荣著，教育科学出版社 2001.5。

8.《新学习学概论》，蔡胜铁、郭震著，福建教育出版社 2001.8。

9.《POWER学习法》，[美]R.S.费尔德曼著，刘蓉华译，海南出版社 2002.10。

10.《体验式学习》，林思宁著，北京大学出版社 2006.7。

11.《塑造职业化人才》，理清著，新华出版社 2003.3。

# 后　记

　　哈佛第二十六任校长鲁登斯坦说，"从来没有一个时代，像今天这样需要不断地、随时随地、快速高效地学习。那种依靠在学校时学到的知识就可以应付一切的时代，已经一去不复返了！"

　　学习，终身学习，成了现代人生活的必需，成了现代社会任何团队、企业、地区乃至国家竞争致胜的必然。因此，"学习化生存"、"学习型组织"、"学习型社会"，成为知识经济社会的一种社会生态。谁不继续学习，努力学习，谁就无法获得成功，获得幸福。然而，每个人有学习的意识，却未必有会学的能力。学会学习、学会认知、高效学习，自然也就成了现代人的重要技能。在知识日益更新，技术不断发展，信息与日俱增，学习手段日见丰富的今天，更高效、更快乐的学习，是今天每个人追求的目标。

　　我们这本训练手册就是为满足想学习并希望自己高效学习的人的需要编写的。

　　**这是一本适合现代人自学提高的教材。**教材中吸收了现代教育的理念，现代学习理论和现代先进的学习方法，运用了终身学习、合作学习、创造学习、发现式学习、体验式学习等多种理念和方法，介绍了现代学习理论中的"元认知"、自我监控，学习管理、现代网络学习等多个先进学习经验和技术。本手册参考了多种学习理论的著作和教材，吸收借鉴了其中的理论、方法和经典资料。

　　**这是一本培训自我学习能力的教材。**依据劳动和社会保障部职业技能鉴定中心制定的《职业核心能力培训测评标准》中"自我学习"单元的能力点的要求，在初级、中级和高级三个级别中，分为"确定学习目标"、"实施学习计划"、"检查学习进度和成果"三个要素，并以能力点为训练的节次，少讲理论，立足能力点，按照从现代先进培训法中提炼而成的"OTPAE"训练法，即"目标—任务—准备—行动—评估"五步训练程序组织训练。精选自学的典型案例和针对自主学习的训练项目，相信对需要系统全面提高自我学习技能，需要进一步学会学习、发展自己的学习能力的学习者，会有明显的效果。本教材针对性很强，完成其中的能力点训练，做好练习，对应相应的级别参加测评认证，能有把握取得好的成绩。

　　**这是一本凝聚集体智慧的教材。**为探索有效培训的科学训练程序，在人力资源和社会保障部中国就业培训技术指导中心标准总监李怀康研究员和职业核心能力专家委员会副主任童山东教授的带领下，全国近40位核心能力专家委员会的专家经过三年多的反复研究，广泛借鉴国内外职业教育和培训领域的先进训练方法，提炼确定了"OTPAE"的训练程序，应用在职业核心能力培训手册的系列教材之中。参与本册教材编写的作者，有从事教育学、学习理论研究的博士，也有从事职业教育的副教授、教授，有从事教育管理的基础部主任。2005年9月，教材编者在吉林电子信息职业技术学院召开了第一次教材编写会，2006年5月和7月分别在湖南民族职业技术学院、浙江金华交通技师学院组织了两次编写审稿会，经过多次修改，才有今天的成果。

参与本教材编写的有：

副主编、北京教育学院汤丰林博士（承担第一单元第二节、第二单元第三、四节，第四单元第十节，第五单元第十一、十二节，第七单元第十八节、十九节、二十节编写并作第一次统稿）。

河北金融职业技术学院蔡录昌教授（承担第一单元第一节，第四单元第九节，第七单元第十七节的编写）。

山西交通职业技术学院李兰副教授（承担第二单元第五节，第五单元第十三节，第八单元第二十一节的编写）。

河北软件职业技术学院吕芝副教授（承担第三单元第七节，第六单元第十五节的编写）。

广东番禺职业技术学院张连绪教授（承担第三单元第八节，第六单元第十六节，第九单元第二十四节的编写）。

深圳信息职业技术学院张向阳博士（承担第二单元第六节，第五单元第十四节，第八单元第二十二节、二十三节的编写）。

副主编、深圳职业技术学院曾玉章副教授参加了教材的总体设计，并精选了现代学习的名言警句和案例，丰富了本手册的内容，负责第二次统稿。

教材主编，国家职业核心能力专业委员会副主任、副秘书长，深圳信息职业技术学院童山东教授负责教材的整体设计和教材的最后统稿修改，补充了部分章节。

国家职业核心能力专家委员会副主任，秘书长李怀康研究员主持教材的审定，并与童山东教授共同撰写了"训练导航"。

北京教育学院校长研修学院院长、北京市学习科学研究会副理事长、"学习指导的理论与实践研究"专家钟祖荣教授审定了本教材，提出了宝贵的修改意见。

本教材的出版得到了人民出版社的大力支持和帮助，漫画家王建明先生为本教材设计了漫画图标，在此一并致谢。

本教材是一个全新的体系，由于是初创，无论是内容的确定、案例的选用，还是训练的方法等还需要在实践中不断完善，敬请使用者提出意见。相关的案例和教法我们还会在www.hxnl.cn(中国核心能力网)上进行汇集和分享。

编　者
2007年2月